HEYNE BÜCHER

W0278306

RATGEBER ESOTERIK

NORMAN VINCENT PEALE

# Die Macht der Inspiration

## Botschaften für ein erfülltes Leben

*Deutsche Erstausgabe*

WILHELM HEYNE VERLAG
MÜNCHEN

HEYNE RATGEBER ESOTERIK
08/9544

Aus dem Amerikanischen übertragen von
Christine Wendling

Titel der Originalausgabe:
INSPIRING MESSAGES FOR DAILY LIVING
erschienen bei Prentice Hall Press, New York


Printed in Germany 1989
Umschlaggestaltung: Atelier Ingrid Schütz, München
Umschlagfoto: Klaus Schmäh, München
Satz: Kort Satz GmbH, München
Druck und Bindung: Presse-Druck Augsburg

ISBN 3-453-03767-7

# Inhalt

# Teil 1

# Gedanken-erneuerung

Ändern Sie Ihre Gedanken, und Sie können alles verändern. Nichts beeinflußt die Welt, in der wir leben, so sehr, wie unser Denken. So wie Klimaanlagen in geschlossenen Räumen für frische und gesunde Luft sorgen, führt ein Gedankenaustausch zu neuer Klarheit und Kraft und sorgt für Seelenfrieden, körperliche Gesundheit und Vitalität. Glück und Erfolg sind nur von der Qualität unserer Gedanken abhängig, daher ist es vollkommen unmöglich glücklich zu werden, solange man sich über Dinge den Kopf zerbricht, die unglücklich machen. Marcus Aurelius, einer der weisesten Männer auf dieser Erde, hat gesagt: »Das Leben eines Menschen ist das, was seine Gedanken aus ihm machen.«

Jemand, der ständig über seine Ängste nachdenkt, wird immer neue Ängste entdecken. Wer damit anfängt, seine Gedanken mit Haß zu belasten, wird bald eine haßerfüllte Haltung einnehmen. Und in keinem der beiden Fälle wird es möglich sein, auch nur einen beglückenden Gedanken zu fassen. Die von mir empfohlene Gedankenerneuerung kann solche schädlichen Gedanken verdrängen, ganz gleich in welcher geistigen Verfassung Sie sich befinden. Denn Verdrängung ist tatsächlich die einzige Möglichkeit, sich von einem Gedanken zu befreien.

Während der jahrelangen Erfahrungen in meiner Arbeit mit Menschen machte ich die Entdeckung, daß man die wichtigsten, produktivsten und positivsten Gedanken in der Bibel findet. Die Wirkung dieser lebendigen Worte wird in der Heiligen Schrift selbst beschrieben: »Wenn ihr an mich glaubt, und meine Worte in euch fortdauern, wird alles getan, um das ihr bittet.«

Das bedeutet, daß die biblischen Worte in Ihren Geist eindringen, um dann aus dem Bewußtsein ins Unterbewußtsein zu fließen. Dadurch gewinnt Ihre Persönlichkeit an innerer Kraft, Sie werden empfänglich für den Willen Gottes und all die wertvollen Dinge des Lebens, auf die es wirklich ankommt. Die Aussagen der Heiligen Schrift können unser Denken verbessern. Sie besitzen darüber hinaus sogar die Fähigkeit, die Persönlichkeit eines Menschen von Grund auf umzugestalten.

## Der Weg zu einem neuen Denken

Im Lauf der Jahre stellte ich fest, daß sich manche Bibelverse in einer sehr einflußreichen Weise auf das menschliche Verhalten auswirken können. Ich begann also, die Worte, die mein eignes Leben so positiv beeinflußt haben, aufzuschreiben. Viele davon habe ich weiterempfohlen und konnte erleben, wie meine Mitmenschen erstaunliche Beweise für ihr neues Leben und die neue Freude erbrachten. Als ich dann versuchte, die Worte der Bibel auf mein eigenes Leben anzuwenden, fand ich heraus, daß sie tatsächlich ungeheuer wirksam sind.

Also entwickelte ich eine Methode, die sowohl von mir persönlich, als auch von anderen Menschen erprobt wurde. Diese einfache Methode, mit der so eindrucksvolle Ergebnisse erzielt wurden, besteht einfach nur darin, bestimmte Textstellen auswendigzulernen. Man sammelt sie im Kopf, wie in einer Art ›spirituellem Arzneischrank‹, und hat sie so, im Falle bestimmter Erkrankungen oder Leiden der Persönlichkeit, griffbereit. Aber auch in unvorhergesehenen Lebenssituationen erweisen sie sich als sehr nützlich.

Wie ich oben bereits erwähnte, werden auf diese Weise auch schadhafte Denkmuster ausgeschaltet und durch gute, wertvolle Gedanken ersetzt.

Um einen dauerhaften Erfolg zu gewährleisten, sollte man sich die gelernten Verse immer wieder vorsagen. Nutzen Sie z. B. die Zeit während einer Bus- oder Bahnfahrt, während Sie abspülen oder auf eine Bestellung warten, und machen Sie sich vor allem auch Gedanken über den tieferen Sinn der Worte. Aus diesen Überlegungen heraus erhalten Sie völlig neue Einsichten und entwickeln einen neuen Begriff von Wahrheit. Die anhand solch intensiver Therapie neu gewonnenen Gedanken werden allmählich den Geist durchdringen, und Ihr Dasein wird ein lebendiger Beweis für die Kraft Gottes.

Dieser erste Teil des Buches enthält eine Auswahl von vierzig der wichtigsten und am besten geeigneten Texte. Warum gerade vierzig? Zum einen hat Jesu bedeutendste spirituelle Erfahrung vierzig Tage gedauert. Zum anderen ergab sich diese Zahl rein zufällig am Ende meiner Liste und hat also nichts mit Magie zu tun. Darüber hinaus gibt es noch eine Vielzahl anderer wichtiger Texte, doch selbst wenn Sie ein ganzes Leben damit zubringen, in der Bibel zu lesen und Verse auswendigzulernen, werden Sie es wahrscheinlich nicht schaffen, die Heilige Schrift bis ins letzte auszuschöpfen.

Ich empfehle, daß Sie zunächst diesen ersten Teil des Buches und die vierzig von mir ausgewählten Bibelverse durcharbeiten. Wenn Sie damit fertig sind und das Gefühl haben, daß Sie das Gelernte beherrschen, suchen Sie weiter nach den vielen Bibeltexten, die dieselbe heilsame Wirkung haben.

Wie Sie diesen ersten Teil des Buches am besten anwenden:

1. Ich schlage vor, den ganzen ersten Teil einmal möglichst ohne Unterbrechung durchzulesen. So erhalten Sie am besten einen Gesamteindruck der vierzig wertvollsten ›Gedankenjuwelen‹, die je geäußert wurden.

2. Beginnen Sie dann wieder von vorne, und prägen Sie sich jeden Tag einen Vers ein. Machen Sie sich dabei auch eigene Gedanken über die kurze Botschaft eines jeden Verses, und bemühen Sie sich, das Empfohlene auch tatsächlich in die Praxis umzusetzen.

3. Vielleicht kommt Ihnen das eine oder andere zu streng vor. Machen Sie sich eine Kopie davon, und bewahren Sie sie dort auf, wo Sie jeden Tag daran erinnert werden, z. B. in Ihrer Jackentasche, auf Ihrem Schreibtisch oder auf der Frisierkommode. So bestimmen diese Gedanken Ihren Alltag. Ich habe die Verse weder nach bestimmten Problemen, Gruppen oder Tagen, noch nach dem Grad ihrer Wichtigkeit geordnet, sondern in der Reihenfolge notiert, wie sie mir eingefallen sind. Vielleicht hat Gott sie für diesen speziellen Zweck sortiert. Ich leite diese kurzen biblischen ›Gedankengestalter‹ nur weiter mit dem Wunsch, sie mögen zum Glück und Sinn Ihres Lebens beitragen.

Dieser Abschnitt enthält 40 Denkmuster, mit denen Sie Gesundheit erreichen, Ihr Leben verändern und Kraft schöpfen können.

*Frieden hinterlasse ich euch,*
*meinen Frieden gebe ich euch;*
*nicht so, wie die Welt gibt, gebe ich euch.*
*Euer Herz erschrecke nicht und verzage nicht.*
Johannes 14,27

Ohne den Besitz tiefer, innerer Ruhe wird man leicht ein Opfer von Spannung, Ärger und Krankheit. Ein Lied, ein Sonnenuntergang, Mondschein und ein Sandstrand am Meer, all das kann wohltuender Balsam für die Seele sein, doch diese Eindrücke sind nicht kräftig genug, um bis in unser Innerstes vorzudringen.

Heilsamer Friede wird nur durch eine intensive Therapie des Unterbewußtseins erreicht. Eine regelmäßige Wiederholung dieses Verses erfüllt Ihr Dasein allmählich mit einem tiefen Gefühl des Friedens.

Erst wenn Spannung und Unruhe nachlassen, können diese Worte ungehindert durch Ihre Gedanken wandern. Stellen Sie sich vor, daß sie heilsamen Balsam verströmen, der bis in die kleinsten Winkel Ihres Geistes dringt.

*Was bei Menschen unmöglich ist,*
*ist bei Gott möglich.*

Lukas 18,27

Dieser Vers zeigt uns den Weg, etwas ›Unmögliches‹ zu tun. Sobald Sie denken, Sie haben ein Problem, geben Sie sich Mühe es richtig einzuschätzen, schließen Sie es in Ihr Gebet ein, und tun Sie alles, um es zu lösen. Sie dürfen nicht aufgeben, und wenn Sie glauben, nicht damit fertig zu werden, denken Sie an die Worte »Was bei Menschen unmöglich ist, ist bei Gott möglich«. Entspannen Sie sich, machen Sie sich keine Sorgen, vermeiden Sie jede Panik. Und denken Sie nie: »Das schaffe ich nicht.« Verkünden Sie laut: »Ich schaffe es, weil Gott es durch mich vollbringen wird«, und seien Sie überzeugt, daß er es bereits tut. Auch wenn das Endergebnis vielleicht nicht Ihren momentanen Vorstellungen entspricht, ist es doch das, was Gott wünscht.

*Gib mir einen neuen,*
*festen Geist in die Brust.*

Psalm 51,10

Dieses Fragment eines Verses kann Ihre ganze Gemütslage verbessern und Ihnen so zu neuen Freunden, Gesundheit, Glück und Erfolg verhelfen.

Mit Gemütslage meine ich die Art und Weise, wie Sie auf bestimmte Situationen oder Menschen reagieren. Mit einer gereizten, halsstarrigen, selbstsüchtigen und überheblichen Haltung beeinträchtigen Sie Ihre Beziehungen oder machen sie sogar kaputt. Es hängt ganz von Ihrer Gesinnung ab, ob Sie eine gute Lebenshaltung einnehmen. Als Gott Sie schuf, waren Sie ein guter Mensch. Wenn sich das geändert hat, kann nur der Allmächtige Schöpfer das innere Gleichgewicht wieder herstellen und den Geist erneuern.

Er kann Ihnen das zurückgeben, was für gute Stimmung unerläßlich ist, die innere Beherrschung. Lassen Sie von heute an keinen Tag vergehen, an dem Sie nicht viele Male gesagt haben: »Gib mir einen neuen, festen Geist in die Brust.«

*»Kommt her zu mir alle,*
*die ihr niedergedrückt und belastet seid:*
*ich will euch Ruhe schaffen.«*

Matthäus 11,28

Werden Sie schnell müde von der Mühe und Bürde des Lebens? Dann machen Sie sich möglicherweise das Leben zu schwer. Nicht die Muskeln ermüden, sondern die Sinne. Wir entwickeln dieses ›Ich bin fertig‹-Gefühl.

Nehmen Sie diesen Text in Ihre Gedanken auf, damit er seine Wirkung verbreiten kann, wie eine aufgelöste Tablette. Wenden Sie sich im Geist an Jesus, er wird Ihnen Ruhe geben. Er kann Ihnen z. B. zeigen, wie man arbeitet, ohne müde zu werden.

»Lerne von mir«, sagt er. Mit anderen Worten, arbeite nach meiner Methode. »Mein Joch ist angenehm, und meine Last ist leicht.« Das heißt auch, nimm dir Zeit. Überfordern Sie sich nicht, placken Sie sich nicht ab, entspannen Sie sich. Erledigen Sie jede Arbeit, mit leichter Hand…

*Alles was ihr im Gebet euch erbittet,*
*glaubt nur, daß ihr es tatsächlich empfangen habt,*
*so wird es euch zuteil werden.*

Markus 11,24

Damit Ihre Gebete erfolgreich sind, müssen Sie immer fest an das glauben, worum Sie bitten und es sich bildhaft vergegenwärtigen. Denken Sie nicht an Mangel, Verweigerung, Enttäuschung oder Krankheit, sondern an Reichtum, Überfluß, Leistung, Gesundheit. Erinnern Sie sich stets daran, daß Sie nur erreichen können, was Sie denken, und nicht, was Sie sagen. Wenn Sie also Gott um Erfolg bitten, dürfen Sie dabei nicht an Mißerfolg denken, sonst sind Ihre Worte wertlos, denn Ihr Herz hat sich bereits mit einem Mißerfolg abgefunden.

Gerade im Gebet sollten Sie an Gottes grenzenlose Gnade glauben, um seinen Segen zu empfangen.

*Vertraue auf den Herrn*
*mit ganzem Herzen und*
*verlaß dich nicht*
*auf deine Klugheit.*
Sprüche 3,5

Dieser Text kann Ihnen helfen, einen drohenden Nervenzusammenbruch abzuwenden. Falls Sie bereits einen solchen erlitten haben, wird er Sie bei der Erholung unterstützen.

Ich kenne einen berühmten Neurologen und Spezialisten für Nervenzusammenbrüche, der seinen Patienten diesen Vers ›verordnet‹. Er schreibt die Worte auf eine Karte mit der Anweisung, sie auswendigzulernen und so oft zu wiederholen, bis sie sich unauslöschbar ins Unterbewußtsein eingeprägt haben.

Häufig ist die Ursache für große nervliche Belastungen Frustration. Und das Gegenmittel für Frustration ist ein friedvoller Glaube, nicht der Glaube an die eigene Klugheit oder an harte Arbeit, sondern der Glaube an Gottes Führung. Die tiefe Überzeugung, daß Gott Ihnen bei der Verwirklichung Ihrer Herzenswünsche hilft, verhindert eine Enttäuschung. Vertrauen Sie aus tiefstem Herzen auf Gott, und Sie können Ihre Aufgaben in Zukunft gesund und glücklich erfüllen.

*Ich aber bin gekommen,*
*damit die Schafe leben haben*
*und Überfluß haben.*

Johannes 10,10

Viele Menschen leiden an Energiemangel. Ihre Lebenskraft ist geschwächt. Sie vergeuden ihre ganze Energie, indem sie sich mit Konflikten belasten. Sie werden träge und gleichgültig. Was ist das Geheimnis eines erfüllten Lebens? Die Antwort ist Christus, es heißt ›in ihm war Leben‹. Nehmen Sie ihn in Ihre Gedanken und in Ihr Herz auf, und Sie werden nur so sprühen vor Energie, Lebenskraft, Ausgelassenheit, Freude und Eifer. Diesen Vers sollten Sie so oft wie möglich wiederholen:

»Christus ist gekommen, damit ich (setzen Sie hier Ihren Namen ein) Leben habe und damit ich Überfluß habe.«

*Bekennt also einander die Sünden
und betet füreinander, damit ihr Heilung findet;
das inständige Gebet eines Gerechten
hat große Kraft.*

Jakob 5,16

Gott bringt Heilung. Man erfährt sie zum einen, indem man seine Lehre befolgt, zum anderen durch den Glauben an ihn.

Es gibt viele Krankheiten, die als Folge von unterdrücktem Ärger oder Schuldgefühlen entstehen. Für die Heilung dieser Leiden ist die Beichte unerläßlich. Suchen Sie sich einen kompetenten Beichtvater, das wird Sie von den Giften befreien, den Geist und die Seele läutern und krankmachende Gedanken von Ihnen fernhalten. Wirksames Beten gibt Kraft, aber es will geübt sein.

Dazu gehört im wesentlichen, Fehler zu bekennen, mit Gleichgesinnten zu beten, auch über weite Entfernungen hinweg, und ein fester Glaube.

*Ist Gott für uns,*
*wer kann wider uns sein?*
Römer 8,31

Stellen Sie sich vor, all Ihre Schwierigkeiten würden Ihnen gegenüberstehen, in einer Reihe, wie eine Armee.

Sie hätten genug Hintermänner, um sie zu schlagen. Doch angesichts all der Feinde: ›Entmutigung, Mißerfolg, Enttäuschung, Feindseligkeit und Schwäche‹, stellen Sie sich die Frage: »Was soll ich zu ihnen sagen?« Die Antwort ist: »Wenn Gott für uns ist, wer kann wider uns sein?«

Vergegenwärtigen Sie sich eine Minute lang, daß Gott für Sie ist, und sprechen Sie folgende Worte: »Gott ist mit mir. Gott ist für mich. Gott ist stärker als all diese Dinge.«

Malen Sie sich aus, daß Friede und Glück siegen, daß die Feinde den Rückzug antreten und den Weg freigeben für Gottes Kraft.

Personifizieren Sie den Text, indem Sie sagen: »Wenn Gott für mich ist, wer kann gegen mich sein?«

Durch häufige Wiederholung dieser Worte werden Sie Gottes Gegenwart spüren und sich als starker Sieger fühlen.

*Das Reich Gottes*
*ist mitten unter euch.*
Lukas 17,21

Sind Sie mit Selbstzweifel erfüllt und leiden an Minderwertigkeitskomplexen? Dann dürfen Sie nicht aufgeben und denken: »Ich kann das nicht, ich habe nicht das gewisse Etwas.« Sie haben sogar sehr viel von diesem gewissen Etwas. Sie tragen das Reich Gottes in sich.

Gott hat Sie mit allen erforderlichen Fähigkeiten ausgestattet. Um diese Kräfte freizusetzen, müssen Sie nur an sich selbst glauben.

Versuchen Sie es mit diesen Worten: »Gottes Überfluß, Friede und Kraft sind in meinem Inneren. Es fehlt mir an nichts.«

*Denn Gott hat uns nicht*
*einen Geist der Verzagtheit,*
*sondern der Kraft,*
*der Liebe und der Selbstzucht gegeben.*
II. Timotheus 1,7

Dieser Vers kann Sie von Ängsten befreien. Er teilt uns mit, daß Angst durch Kraft besiegt werden kann. Welche Kraft? Es gibt nur eine Kraft, die stärker ist als Angst, und das ist der Glaube. Bekämpfen Sie also die Angst mit einem Bekenntnis Ihres Glaubens.

An zweiter Stelle steht die Liebe. Liebe, d. h. Vertrauen, Zuversicht und völliger Verlaß auf Gott. Lernen Sie diese Haltung einzunehmen, und die Angst wird sich verlieren.

Dann fehlt noch ein gesunder Geist, der frei von Komplexen, Eigenheiten und Besessenheit ist. Schließen Sie Gott in Ihre Gedanken ein, und Sie werden einen gesunden Geist entfalten, der sich nicht von bedrohlichen Ängsten quälen läßt.

Bekämpfen Sie mit diesem Text die Ursachen Ihrer Angst, wann immer Sie ängstlich sind.

*Du leitest mich*
*nach deinem Ratschluß*
*und nimmst hernach mich auf*
*zur Herrlichkeit.*
Psalm 73,24

Haben Sie sich heute schon vergeblich bemüht, ein Problem zu lösen? Versuchen Sie, sich so lange auf diesen Text zu konzentrieren, bis er sich Ihrem Bewußtsein eingeprägt hat; er kann Ihnen einige wichtige Dinge abnehmen.

Dieser Vers lehrt Sie, daß es auf jede Frage eine Antwort gibt und daß Gott sie gemeinsam mit Ihnen sucht. Er führt Sie zu jenem scharfen und klaren Bewußtsein, das man Einsicht nennt.

Legen Sie Ihre Probleme in Gottes Hände, bitten Sie ihn um die richtige Antwort, vertrauen Sie auf seine Hilfe, lassen Sie sich von ihm leiten, und all Ihre Entscheidungen werden sich als richtig erweisen.

*Darum leget die volle Waffenausrüstung Gottes an,*
*damit ihr imstande seid,*
*am bösen Tage Widerstand zu leisten,*
*alles gut auszuführen und das Feld zu behaupten.*
Epheser 6,13

Dieser Vers ist eine der bedeutendsten Errungenschaften des gesunden Geistes. Sie lehrt uns folgendes: wenn wir in einer Sache alles getan haben, was wir tun konnten, ist es nicht nötig, daß wir uns Sorgen machen oder gar in panische Angst ausbrechen. Wir sollten eine ruhige und gelassene Haltung einnehmen.

Wenn Sie wirklich Ihr möglichstes getan haben, versuchen Sie nicht, noch mehr zu tun, sondern ›stellen Sie sich‹ einfach den Dingen. Entspannen Sie sich, warten Sie ab, seien Sie gelassen, und regen Sie sich nicht auf. Sie haben ja alles getan. Warum überlassen Sie den Rest nicht einfach Gott?

*Gott ist uns*
*Zuflucht und Stärke,*
*als Hilfe in Nöten*
*wohlbewährt befunden.*
Psalm 46,1

Wenn Schwierigkeiten auftreten, wünscht man sich Trost und Schutz. Man möchte stark sein, um ihnen standhalten und gegenübertreten zu können.

Sie können beides erreichen. Dieser Vers enthält die Lösung. Versuchen Sie sich immer wieder daran zu erinnern, daß Gott bei Ihnen ist, daß er Sie nie im Stich läßt und daß Sie auf ihn zählen können.

Sprechen Sie die Worte: »Gott ist mit mir und hilft mir.«

Sie spenden Ihnen Trost und erfüllen Ihr Herz mit neuer Hoffnung. Lassen Sie neue Gedanken entstehen. Sie werden eine neue Kraft in sich spüren, und schließlich werden Sie über den Schwierigkeiten stehen.

Wenn Sie sich in einer besonders schwierigen Lage befinden, dann sollten Sie sich erst einmal ruhig hinsetzen, diesen Text ein halbes dutzendmal wiederholen und Ihren ganzen Glauben hineinlegen.

*Wer auf das Wort Gottes achtet,*
*wird Segen davon haben,*
*und wer auf den Herrn vertraut:*
*wohl ihm!*
Sprüche 16,20

Begehen Sie nicht den Fehler, durch Unüberlegtheit falsche Dinge zu sagen oder zu tun. Um im Leben erfolgreich zu sein, muß man ein gutes Einfühlungsvermögen entwickeln.

Wenn etwas mißlingt, dann geschieht das nicht aufgrund eines launischen Schicksals. Höchstwahrscheinlich hatten Sie nicht die richtige Einstellung und haben es ganz einfach falsch angepackt.

In so einem Fall hilft nur noch Weisheit. Prägen Sie sich den heutigen Vers gut ein, und lassen Sie ihn langsam in Ihr Unterbewußtsein dringen. Ihr fehlerhaftes Verhalten wird korrigiert, und Sie werden ganz allmählich mit Weisheit bedacht.

*Leiht mir euer Ohr*
*und kommt her zu mir;*
*höret,*
*auf daß eure Seele auflebe!*
Jesaja 55,3

Die meisten Menschen leben ein oberflächliches Leben und verpassen dabei die erstaunlichsten Dinge. Sie meinen, sie könnten sehen, und sehen doch nicht wirklich. Der Grund ist, daß sie nicht richtig hinsehen.

Dasselbe gilt für das, was sie zu hören glauben. Sie nehmen die Laute nur mit der Ohrmuschel wahr. So gehen sie zum Beispiel in die Kirche und hören das Evangelium, doch der wahre Sinn dringt nie bis unter die Oberfläche ihres äußeren Bewußtseins, weil sie nicht mit allen ihnen zur Verfügung stehenden Möglichkeiten zuhören. Sie verlieren sich nicht in dem, was sie hören.

Man muß sich auf das Ohr konzentrieren und so zuhören, als hinge das Leben davon ab. Jedes einzelne Wort sollte einen tiefen und bleibenden Eindruck hinterlassen. Nur so kann die Botschaft ihre heilende Wirkung entfalten.

Alle Krankheitskeime, die sich in den Gedanken eingenistet haben, werden vernichtet. Der Geist lebt auf und erfreut sich neuer Gesundheit und Stärke.

*Ihm aber,*
*der nach seiner Kraft,*
*die in uns wirksam ist,*
*unendlich mehr zu tun vermag als alles,*
*was wir erbitten und verstehen.*

Epheser 3,20

Heute erinnern wir Sie daran, daß nichts zu schön ist, um wahr zu sein. Sie haben die Möglichkeit, Ihre größten Hoffnungen zu erfüllen. Die schönsten Träume können wahr werden. Sie können alles haben, was Sie wirklich brauchen. Jemand setzt seine unglaubliche Güte zu Ihren Gunsten ein.

Sollten Sie ein armseliges Leben führen, dann beschließen Sie heute, es zu beenden. Sehen Sie den Dingen, die kommen werden, erwartungsvoll entgegen. Vertrauen Sie auf Gottes unermeßliche Gnade. Verbannen Sie die Entbehrungen aus Ihren Gedanken, denken Sie nur noch an Reichtum, Überfluß und das Beste von allem. Es ist Gottes Wille, daß Sie, sein Kind, glücklich sind. Hindern Sie ihn also nicht an seinem Großmut.

*Bittet, so wird euch gegeben werden;*
*sucht, so werdet ihr finden;*
*klopft an, so wird euch aufgetan werden.*
Matthäus 7,7

Mit diesem Vers erhalten Sie eine sehr praktische Anleitung für Ihre Gebete, deren Wirkung erstaunlich ist. Wenn Sie keine Antwort auf Ihre Gebete erhalten, liegt das daran, daß Sie zwar um etwas bitten, doch im Grunde nicht damit rechnen, daß sich Ihre Bitte erfüllt. Wir sind gute Bittsteller, doch schlechte Empfänger.

Diese biblischen Worte verkünden folgendes: man soll sich unmittelbar nach dem Gebet vorstellen, daß das Erbetene eintritt.

Hier ein Beispiel: Sie möchten von Ihren Ängsten befreit werden und bitten den Herrn, sie von Ihnen zu nehmen. Dann glauben Sie fest daran, daß er Ihre Bitte umgehend erfüllt hat. Noch während Sie Ihrem Vertrauen Ausdruck verleihen, indem Sie Gott aufrichtig um Hilfe bitten und gleichzeitig daran glauben, daß er Ihr Gebet erhört, wird sich Ihr Wunsch erfüllen.

*Ich habe gelernt,*
*in jeder Lage mir genügen*
*zu lassen.*
Philipper 4,11

Befinden Sie sich in einer unglücklichen Situation? Sind Sie unzufrieden und entmutigt? Dann sollten Sie sich einfach Gottes Händen überlassen. Wenn es sein Wille ist, Ihre Lage zu verändern, dann wird er es tun und dafür sorgen, daß Sie seinem Wunsch entsprechen.

Doch vielleicht möchte er Ihr Leben gar nicht verändern. Dann hilft er Ihnen, sich auf Ihre Lage einzustellen. Er macht Sie zufrieden, und Sie werden sogar noch dankbar sein für die vorhandenen Möglichkeiten. Lernen Sie also die große Kunst, mit den gegebenen Mitteln aus jeder Situation das Beste zu machen, in welcher Lage man sich auch befinden mag.

Wenn Sie das können, haben Sie gelernt, ein positiver Mensch zu sein, bzw. Ihre augenblickliche Situation zu verbessern.

*Nur auf Gott hoffe still,*
*meine Seele,*
*denn von ihm kommt meine Hoffnung.*

Psalm 62,6

Das beruhigende Wissen, daß sich Erwartungen irgendwann erfüllen, ist eine unserer wichtigsten Lebensweisheiten. Wenn Sie jedoch jahrelang die pessimistische Haltung einnehmen, daß doch alles schiefgehen wird, dürfen Sie auch nichts anderes erwarten. Sie erzeugen damit eine negative geistige Haltung und beugen sich dem Mißerfolg.

Tun Sie das Gegenteil davon, und entwickeln Sie eine vertrauensvolle und erwartungsvolle Einstellung. Bewahren Sie sich diese Haltung mit Hoffnung, Träumen, Glaube, Gebeten und Arbeit. Nun ist es möglich, gute Resultate zu erzielen.

Stärken Sie Ihr Herz mit der positiven Kraft innerer Hoffnung, damit Sie Gottes Güte spüren können.

*Ändert euer Wesen*
*durch Erneuerung eures Sinnes.*
Römer 12,2

Es gibt viele Menschen, die ihr Unglück, durch negatives Denken, selbst verursachen. Lernen Sie Ihren Geist zu lenken, üben Sie sich in Selbstdisziplin, und richten Sie Ihre Gedanken auf ein glücklicheres Leben.

Stellen Sie sich vor, daß Sie Ihren Geist leeren, indem Sie alle minderwertigen Gedanken daraus verbannen. Ihr Kopf soll sich vollkommen leer anfühlen. Jetzt füllen Sie ihn mit positiven Gedanken an Gott und an Christus, an schöne und erfreuliche Dinge.

Machen Sie diese Übung zweimal täglich, morgens und abends. Es wird Ihnen dabei helfen, nicht mehr an traurige Dinge zu denken. Irgendwann fühlen sich die unglückseligen Gedanken in Ihrem Kopf nicht mehr wohl, und die glücklichen Gedanken werden Ihr Leben verändern.

*Sei stark und entschlossen;*
*habe keine Angst und verzage nicht:*
*denn der Herr,*
*dein Gott ist mit dir auf all deinen Wegen.*
Josua 1,9

Dieser Vers kann Ihrem Leben unsagbare Antriebskraft verleihen. Hat er sich Ihrem Bewußtsein einmal eingeprägt, gibt er Ihnen den nötigen Mut, um mit jedem Problem fertig zu werden. Nichts kann Sie mehr erschrecken. Auch wenn Sie am Erfolg bloßer Worte zweifeln, sollten Sie niemals die produktive Kraft eines regen Geistes unterschätzen. Eine geistige Vorstellung hat oft mehr Spannung als Elektrizität. Durch Ideen wurden schon ganze Zivilisationen verändert. Emerson sagte: »Nehmen Sie sich vor einer reifen Idee in acht.«

*Allen aber, die ihn aufnahmen,*
*gab er das Anrecht,*
*Gottes Kinder zu werden.*
Johannes 1,12

Man hat die Möglichkeit, genügend Kraft anzusammeln, um ein ganzes Leben bestehen zu können. Es liegt ganz bei Ihnen, ob Sie den Vorteil dieser einfachen Methode nutzen möchten. Dieser Vers enthält eine Art Anleitung, die lautet, daß man ›Christus in sich aufnehmen‹ soll. Nehmen Sie also Christus auf, und er schenkt Ihnen dafür neue Kraft.

Sie werden fragen, wie man das macht, ›Christus aufnehmen‹? Sie tun es bereits, indem Sie es wirklich wünschen und ihm sagen, daß Sie es ehrlich meinen. Führen Sie Ihr Leben von heute an so, wie er es an Ihrer Stelle tun würde.

Das Geheimnis liegt darin, sich dem Willen Gottes und dem Weg Christi hinzugeben. Das bedeutet eine völlig neue Art des Denkens und Lebens zu akzeptieren. Erinnern Sie sich jeden Tag aufs neue an diesen Grundsatz. Sie werden bald merken, daß je mehr Sie sich hingeben, desto intensiver das Gefühl der geistigen Stärke in Ihnen aufzuwallen beginnt.

*Denn bebe ich vor etwas Furchtbarem,*
*so trifft es bei mir ein,*
*und wovor mir graut,*
*das bricht über mich herein.*

Hiob 3,25

Dieser Vers erteilt uns eine sehr ernstzunehmende Warnung. Eine Sache, vor der man sich über einen längeren Zeitraum fürchtet, kann sehr leicht Wirklichkeit werden. Nehmen wir an, Sie haben Angst zu versagen und denken nur noch an Ihre Befürchtungen. Damit tun Sie doch nichts anderes, als ein Versagen regelrecht zu beschwören. Sie verwehren kreativen, positiven und erfolgbringenden Elementen den Zutritt zu Ihren Gedanken, denn Sie haben sich bereits auf einen Mißerfolg eingestellt.

Um Erfolg, Gesundheit und Anerkennung auf sich zu ziehen, sollte man nur an positiven und vertrauensvollen Gedanken festhalten.

*Eins aber tue ich:*
*ich vergesse, was hinter mir liegt,*
*und strecke mich nach dem aus, was vor mir liegt,*
*und jage dem vorgestreckten Ziele zu,*
*nach dem Kampfespreis der himmlischen Berufung*
*Gottes in Christus Jesus.*

Philipper 3,13;14

Wenn Ihre Ziele geistige Gesundheit und ein erfolgreiches Leben sind, ist es unerläßlich, daß Sie sich von früheren Mißerfolgen und Fehlern trennen und sie nicht länger mit sich herumschleppen.

Die Kunst des Vergessens ist sehr wichtig. Machen Sie jeden Abend vor dem Einschlafen folgende Übung: Rufen Sie sich die Geschehnisse des Tages ins Gedächtnis, und ordnen Sie sie der Vergangenheit zu. Betrachten Sie diese Dinge als vergangen und abgeschlossen. Sehen Sie Ihrer Zukunft mit Gott vertrauensvoll entgegen.

*Nein, in all diesen Leiden siegen wir glänzend*
*durch den, der uns geliebt hat.*
*Denn ich bin gewiß, daß weder Tod noch Leben,*
*weder Engel noch überirdische Gewalten,*
*weder Gegenwärtiges noch Zukünftiges*
*noch irgendwelche Mächte,*
*weder Himmel noch Hölle noch sonst irgend etwas*
*anderes Geschaffenes imstande sein wird,*
*uns von der Liebe Gottes zu scheiden,*
*die uns umschließt in Jesus Christus, unserem Herrn.*

Römer 8,37 – 39

Diese Worte sagen uns, daß es nichts gibt, was uns von Gottes Liebe und Schutz trennen könnte. Das Geheimnis dafür ist, sich Gottes Gegenwart und seine Liebe jeden Tag und solange vorzustellen, bis sie zu einer unerschütterlichen Tatsache geworden sind.

*Wen da dürstet,*
*der komme zu mir und trinke.*
Johannes 7,37

Von Zeit zu Zeit rühren sich in unserem Inneren tiefe Sehnsüchte. Eigentlich müßten wir absolut zufrieden sein, denn wir besitzen scheinbar alles, was das Herz begehrt. Trotzdem wird unser Glück durch diese unbestimmte Unzufriedenheit getrübt. Sagen Sie sich diesen Vers einige Male vor, sobald Sie solche Gefühle wahrnehmen. Versuchen Sie sich vorzustellen, wie Jesus aussah, als er die Worte sprach. Denken Sie an seine Güte, sein Verständnis und den friedlichen Ausdruck seines Gesichts. Nun stellen Sie sich vor, daß er Ihnen einen Schluck kaltes Wasser reicht – als Symbol für das Wasser des Lebens, das den Durst für immer löscht. Seien Sie überzeugt, durch ihn höchsten Seelenfrieden zu empfangen. Allmählich wächst in Ihrem Inneren ein tiefer Friede.

*Liebet eure Feinde*
*und betet für eure Verfolger,*
*damit ihr euch als Kinder eures*
*himmlischen Vaters erweist.*
Matthäus 5,44

Machen Sie eine Liste, und schreiben Sie jeden auf, durch den Sie sich verletzt oder schlecht behandelt fühlen, und all diejenigen, die Sie nicht mögen.

Nennen Sie jeden einzelnen bei seinem Namen, sprechen Sie ein Gebet für ihn, und verzeihen Sie ihm. Bitten Sie den Herrn um seinen Segen, und sagen Sie ihm, daß Sie Ihre Bitte ehrlich meinen. Vermeiden Sie alle Gedanken, die Ihren Haß rechtfertigen.

Zeigen Sie Ihr Wohlwollen, indem Sie in Zukunft freundlich über diese Menschen sprechen. Ergreifen Sie jede Gelegenheit, um ihnen zu helfen. Auf diese Weise können Sie viele Schranken abbauen. Aber auch wenn das nicht gelingt, werden Sie erstaunt sein über die Wirkung dieser Methode. Der Weg für den Zufluß neuer geistiger Energie kann wieder ungehindert passiert werden.

*Alles vermag ich in dem,*
*der mich stark macht, Christus.*
Philipper 4,13

Mit diesem Vers können Sie jeder Niederlage entgegenwirken. Es gibt Situationen, in denen man sich völlig geschafft fühlt und alles nur schwer von der Hand geht. Dann sollen diese Worte Sie erinnern, wie wichtig es ist, sich nicht nur auf die eigene Stärke zu verlassen. Christus ist mit Ihnen und hilft Ihnen, wenn Sie Hilfe brauchen.

Lernen Sie, sich auf ihn zu verlassen, denn mit seiner Hilfe können Sie alles schaffen. Hören Sie nicht auf an Jesu Hilfe zu glauben, dann werden Sie sie erfahren. Auf einmal packen Sie Ihre Probleme mit neuem Schwung an und werden mühelos mit großen Belastungen fertig. Die neue ›Antriebskraft‹ wird Sie überraschen.

*Denn in ihm leben,*
*weben und sind wir.*
Apostelgeschichte 17,28

Dieser Vers liefert die Formel zur Erhaltung der physischen, seelischen und geistigen Energie. Die Spannungen und der Druck des heutigen modernen Lebens zehren gewaltig an unseren Energiereserven. Dieser Text lehrt uns, wie wir unsere Energie erneuern können. Wir werden erinnert, daß Gott unser Schöpfer ist und daß er auch die Fähigkeit besitzt, uns neu zu schaffen. Das Geheimnis liegt also darin, den Kontakt zu Gott aufrechtzuerhalten. Er kann neue Lebenskraft und Energie in unser Dasein bringen und sorgt stets für Nachschub.

Wiederholen Sie diesen Vers einmal täglich am späten Nachmittag, wenn die Energie nachläßt. Denken Sie daran, wie sich der Energiefluß verzögert, weil Sie die Bahn ›verstopfen‹. Dann stellen Sie sich vor, daß Gottes erfrischende Energie die Stärke und Kraft in jedem Teil Ihres Körpers, Ihres Geistes und Ihrer Seele wiederherstellt.

*Ein festes Herz segnest du mit Heil;*
*denn an dir hält es mit Vertrauen fest.*

Jesaja 26,3

Wenn Sie immer nur an Ihre Mißerfolge, Ängste oder Feinde denken, geraten Sie zwangsläufig in einen Zustand geistiger Ruhelosigkeit. Das führt natürlich nicht zu innerem Frieden und kann sogar in einem inneren Aufruhr enden. Dieser Vers erteilt Ihnen folgenden Ratschlag: Gewöhnen Sie sich an, so oft wie möglich an Gott zu denken. Konzentrieren Sie sich nicht auf Ihre Sorgen, sondern auf Gott. Es kann sein, daß Sie mit der geistigen Konzentration anfangs Schwierigkeiten haben. Dagegen hilft regelmäßige Übung.

*Denn wahrlich sage ich euch:*
*wer zu dem Berg dort sagt:*
*»Hebe dich empor und stürze dich ins Meer!«*
*und in seinem Herzen nicht zweifelt,*
*sondern wirklich glaubt,*
*daß das, was er sagt, geschieht,*
*dem wird es auch zuteil werden.*
Markus 11,23

Dieser eine Vers ist beinahe ausreichend, um Ihr Leben vollkommen neu zu gestalten und Niederlagen in Siege umzuwandeln. Was sagt er uns? Daß der Widerstand in Ihrem Leben, jenes mächtige, gesteinsartige Hindernis, jene gewaltige Barriere gebrochen werden kann und daß Sie in Ihrem Herzen keine Zweifel hegen sollen. Sie dürfen nicht zulassen, daß sich negative Gedanken in Ihrem Bewußtsein einnisten.

Bitten Sie Gott, er möge alle Schwierigkeiten von Ihnen nehmen. Zweifeln Sie keine Sekunde, daß sich Ihre Bitte erfüllt, denn ›dieser Berg‹ soll nicht irgendwann verschwinden. Vertrauen Sie darauf, daß der Herr Sie jetzt davon befreit.

*Die auf den Herrn harren,*
*gewinnen neue Kraft,*
*daß ihnen neue Schwingen wachsen,*
*wie den Adlern,*
*daß sie laufen und nicht müde werden,*
*daß sie dahinschreiten und nicht ermatten.*
Jesaja 40,31

In diesem wunderschönen Vers wird die bedeutendste Erfahrung beschrieben, die ein Mensch machen kann. Man nennt sie spirituelle Erfahrung und kann sie nur erleben, wenn man sich Gott hingibt und seine Gegenwart spürt. Die schweren Bürden des Lebens lösen sich auf, Sie erheben sich wie ein Adler zum Flug, sind frei und stark.

Natürlich kann kein Mensch ununterbrochen in solchen Höhen emotionaler Begeisterung leben. Aber es bleibt eine Kraft zurück, die Ihnen nie gekannten Schwung verleiht, um wieder gestärkt durchs Leben zu gehen. Auf einmal können Sie rennen, ohne müde zu werden. Sie haben genügend Kraft, um selbst tagtäglich schwierige und eintönige Situationen zu bewältigen, und werden nicht gleich vor Erschöpfung auf der Strecke bleiben. Die spirituelle Erfahrung beginnt mit dem Gefühl, auf Wolken zu schweben und endet mit dem Gefühl, unerschöpfliche Kräfte in sich zu tragen.

*Was kein Auge gesehen hat und*
*kein Ohr gehört hat und wovon keines Menschen*
*Herz eine Ahnung gehabt hat,*
*was Gott denen bereitet hat,*
*die ihn lieben.*

I. Korinther 2,9

Ist Ihr Leben im Laufe der Zeit immer schwieriger oder sogar trübsinnig geworden? Oder fehlt in Ihrem Leben der Reiz und die Begeisterung?

Dann bringt Ihnen der heutige Vers die alte Lebensfreude zurück. Er sagt Ihnen, daß Sie all die unglaublichen, erstaunlich faszinierenden Dinge nie gesehen haben, die Gott denen bereitet, die ihn lieben, ihm vertrauen und seine Grundsätze in die Tat umsetzen. Legen Sie Ihr Leben in Gottes Hände, und viele wunderbare Erfahrungen erwarten Sie.

*Wirf auf den Herrn deine Bürde:*
*er wird dich versorgen;*
*er wird den Gerechten nicht ewiglich*
*wanken lassen.*
Psalm 55,22

Der Mensch kann nur ein bestimmtes Maß an Belastung aushalten. Wenn aber ein Problem das andere jagt und keine Aussicht auf Linderung besteht, dann ist bald der Punkt erreicht, an dem Sie zusammenbrechen und ernsthafte Schwierigkeiten entstehen. Glücklicherweise müssen Sie Ihre Bürden nicht alleine tragen. Gott hilft Ihnen dabei.

Wie macht er das? Seine Hilfe vollzieht sich im Geist, indem Sie daran glauben, daß Gott bei Ihnen ist. Sprechen Sie mit ihm über Ihre Sorgen, und vertrauen Sie darauf, daß er Ihnen hilft und Sie erleichtert.

Übertragen Sie in Gedanken Ihre Verpflichtungen auf ihn. Er ist bereit und durchaus in der Lage, Sie zu übernehmen. Achten Sie darauf, daß Sie nicht nur einen Teil abgeben, und nehmen Sie nichts zurück. Lassen Sie Gott die Dinge erledigen. Legen Sie alles in seine Hände.

*Wenn also jemand in Christus ist,*
*so ist er eine neue Schöpfung geworden:*
*das Alte ist vergangen,*
*siehe, etwas Neues ist entstanden.*
II. Korinther 5,17

Lassen Sie sich nie von Ihren Schwächen entmutigen. Vielleicht versuchen Sie schon lange vergeblich, Schwächen, fixe Ideen, Eifersucht, sündhaftes Verhalten und Minderwertigkeitskomplexe loszuwerden. Ihre Bemühungen waren wahrscheinlich deshalb so erfolglos, weil Sie versucht haben, sich aus eigener Kraft komplett zu ändern. Dieses Vorhaben aber ist langwierig, umständlich und nahezu unmöglich.

Bitten Sie Christus, Ihnen zu helfen; er schafft es in kürzester Zeit. Sie müssen nur sagen: »Herr, ich möchte nicht länger so sein, wie ich bin.« Wenn Sie es ernst damit meinen, wird er für Sie tun, wozu Sie selbst nicht fähig sind – eine dauerhafte Wandlung wird sich vollziehen. Bitten Sie also ihn, wenn Sie sich verändern möchten.

*Dies ist*
*der Weg zur Erquickung.*
Jesaja 28,12

Dieser kurze Vers erinnert uns wegen seiner erfrischenden Wirkung an eine Quelle mit kaltem Wasser. Eine häufige Auseinandersetzung mit diesem Text kann sich als äußerst belebend erweisen.

Nehmen wir an, Sie haben einen anstrengenden Tag hinter sich oder müssen eine anstrengende Tätigkeit ausüben. Machen Sie eine kurze Pause, und wiederholen Sie die Worte: »Dies ist der Weg zur Erquickung.« Achten Sie darauf, wie Sie Ihre Müdigkeit vertreiben und Körper, Geist und Seele erfrischen.

Die beste Methode ist, wenn Sie sich das Ganze langsam vorsagen und dabei versuchen, den sanften, ruhigen Klang zu betonen. Denken Sie an Frieden, Ruhe und Erneuerung.

*So oft den Herrn ich suchte,*
*hat er mich erhört*
*und aus all meinen Ängsten*
*mich errettet.*
Psalm 34,4

Ein absolut wirksames Heilmittel gegen Angst ist, Gott in Gedanken nahe zu sein. Er ist das einzig Sichere und Unveränderliche auf der Welt. Niemals wird er Sie im Stich lassen oder Sie vergessen. Wenn Sie also von Furcht gequält werden, denken Sie an diesen Vers und ›suchen Sie den Herrn‹. Eine Möglichkeit, Gott zu begegnen, besteht darin, sich jeden Tag fünfzehn Minuten lang einfach nur Gedanken über ihn zu machen. Sie können die fünfzehn Minuten auch aufteilen in dreimal fünf Minuten, aber lassen Sie keinen Tag vergehen, an dem Sie nicht fünfzehn Minuten an Gott gedacht haben.

Sagen Sie jeden Tag: »Ich lege mich und alle meine Probleme in Gottes Hände, und ich schenke ihm mein Vertrauen.« Danken Sie Gott dreimal täglich für seine große Güte. Ihr Leben wird bald frei von Furcht, aber dafür von Gott erfüllt sein.

*Und wenn ihr dasteht und betet, so vergebt,*
*wenn ihr etwas gegen jemand habt,*
*damit auch euer himmlischer Vater euch*
*eure Übertretungen vergebe.*

Markus 11,25

Wenn Ihre Gebete nicht erhört werden, prüfen Sie gründlich und ehrlich, ob Sie nicht doch auf jemanden böse sind. Wo sich Haß ausbreitet, bleibt kein Platz für geistige Kraft, denn Haß ist ein ›Nichtleiter‹ der spirituellen Energie.

Ich schlage vor, daß Sie nach jedem Gebet folgenden Satz sprechen: »Herr, mach meine Gedanken frei von allem bösen Willen, Neid, Haß und Eifersucht.« Vertreiben Sie alle negativen Elemente aus Ihren Gedanken.

*Sie werden keinen Hunger und keinen Durst mehr verspüren, und kein Sonnenbrand wird sie jemals treffen, noch irgendeine Hitze; denn das Lamm dort mitten auf dem Throne, wird sie weiden und sie zu Wasserquellen des Lebens führen; und Gott wird alle Tränen von ihren Augen abwischen.*

Offenbarung 7,16 – 17

Dies ist eine der tröstlichsten Textstellen, die überhaupt in der Literatur zu finden sind. Wir erfahren, daß sich die Toten, die wir geliebt haben, an einem friedlichen und schönen Platz aufhalten. Sie unterstehen der wachsamen Obhut Gottes und haben auf all ihren Wegen sein Mitgefühl. Der große Hunger und Durst ihrer Seelen wurde gestillt. Wie eine liebende Mutter nimmt Gott sie in seinen Schutz und wischt mit gütiger Hand die Tränen von ihren Augen. Das alles tut er für Ihre Lieben, die hinüber gegangen sind.

Wenn Sie lernen, diesen Text zu lieben und über ihn nachzudenken, wird er auch Ihnen alle Tränen von den Augen wischen.

# Teil 2

# Handbuch zur Verbesserung der Persönlichkeit

SIE *können* ein freier, glücklicher und erfolgreicher Mensch werden. In einem erfolgreichen Leben bleibt nichts dem Zufall überlassen. Alles richtet sich nach systematisch festgesetzten Regeln. Lernen Sie, wie man diese einfachen Regeln befolgt, und Sie werden klare Resultate erzielen. Wenn es Ihr Wunsch ist, glücklich zu sein, und wer möchte das nicht, bleibt es Ihnen nicht erspart, einen ganz bestimmten Weg zu beschreiten. Es gibt ganz bestimmte Methoden, mit deren Unterstützung man mühelos inneren Frieden finden kann. Sie helfen uns dabei, Minderwertigkeitsgefühle zu überwinden, gute zwischenmenschliche Beziehungen zu entwickeln, und vor allen Dingen, sich selbst besser kennenzulernen.

Das vorliegende Handbuch zur Verbesserung der Persönlichkeit beschränkt sich nicht auf Theorien. Es ist vollkommen praxisbezogen. Sie werden darin nicht nur lesen, daß das Leben von Freude, Friede und Liebe erfüllt sein kann, vielmehr werden Sie ausführliche Anleitungen finden, wie ein erfülltes Dasein gelingt.

Opfern Sie diesem nützlichen Buch täglich fünfzehn Minuten Ihrer Zeit. Falls Sie unter zu großem Zeitdruck stehen und Ihnen fünfzehn Minuten zu viel sind, werden wir uns auf zehn Minuten einigen. Diese zehn Minuten sollten Sie aber unbedingt einhalten, andernfalls scheinen Sie sich selbst nicht besonders wichtig zu sein. Kein Mensch ist so beschäftigt, daß er nicht einmal zehn oder fünfzehn Minuten übrig hat, um sie der Verbesserung seines physischen, geistigen und psychischen Zustands zu widmen.

Sie werden merken, daß sich diese Viertelstunde enorm bezahlt macht, wenn Sie sie regelmäßig eingehalten haben. Gesundheit, ein langes und erfülltes Leben sind der Lohn.

Dieser zweite Teil des Buches enthält achtzehn Lektionen, die alle das eine Thema behandeln: erfolgreichere Lebensführung. Sie können bei der Lektüre auf zwei Arten vorgehen: entweder Sie nehmen eine Lektion nach der anderen durch, oder Sie wählen ein bestimmtes Kapitel aus, das Ihren momentanen Bedürfnissen am besten entspricht.

Obwohl wir ausdrücklich darauf hinweisen, daß dieses Buch kein ›Lesebuch‹ sein soll, wäre es sinnvoll, Sie würden es erst einmal von Anfang bis Ende durchlesen. So haben Sie eine ungefähre Vorstellung von Sinn und Zweck sowie den diesem Buch zugrunde liegenden Theorien, bevor Sie sich den einzelnen Lektionen widmen.

In diesem Buch werden Ihnen bestimmte Verhaltenstechniken vorgeschlagen. Befassen Sie sich mit jeder dieser Techniken solange, bis Sie meinen, sie zu beherrschen, und bis Sie deutliche Fortschritte in Ihrem eigenen Verhalten verzeichnen. Lernen Sie, sich immer nur auf ein Problem zu konzentrieren, damit werden Sie die besten Resultate erzielen. Wahrscheinlich wird es einige Tage in Anspruch nehmen, bis Sie die eine oder andere Methode gut genug kennen. Nehmen Sie sich wenn nötig für eine Lektion ruhig mehrere Tage Zeit. Ihr Geist soll sich daran gewöhnen, die produktiven, spirituellen und praktischen Ideen eigenständig aufzunehmen.

In jeder Lektion finden Sie Wahrheiten, die schon Hunderte von Malen erprobt wurden und sich immer wieder als wahr erwiesen haben. Lesen Sie die Lektionen bitte immer zuerst durch, und befolgen Sie erst dann die einzelnen Punkte. Arbeiten Sie sechs Monate lang mit diesem Buch, und Sie werden als Entschädigung für Ihre Mühe tiefen inneren Frieden, unerschütterliches Vertrauen und überschäumendes Glück empfinden. Das ganze Leben erscheint Ihnen plötzlich andersartig und neu, denn diese einfachen Grundsätze können wahre Wunder bewirken.

Nachdem Sie alle Lektionen sorgfältig gelesen, studiert und in die Praxis umgesetzt haben, bitten wir Sie folgendes zu tun: Setzen Sie sich in entspannter Haltung hin. Versuchen Sie sich vorzustellen, daß die neugewonnenen Gedanken durch tiefe, geistige Einsicht vom Bewußtsein ins Unterbewußtsein sinken. Indem Sie Denken und Handeln miteinander verbinden, beginnt das Gelernte in Körper, Geist und Seele sofort zu wirken, und beinahe unmittelbar tritt eine Änderung ein.

Inwieweit sich die Persönlichkeit des Lesers tatsächlich verändert, ist von einigen Faktoren abhängig: (1) von seinem Glauben, (2) von seinem ehrlichen Wunsch nach Veränderung, (3) davon, wie gewissenhaft er die Übungen ausführt, und (4) davon, in welchem Ausmaß er sein Leben in die Hände des größten Experten, Jesus Christus, legt, dem wir all diese Ratschläge verdanken.

Der Autor widmet Ihnen seine Gebete und die besten Wünsche.

## Wie man seinen Körper entspannt

Lassen Sie uns beim Körper beginnen. Dies ist insofern naheliegend, da der Körper Ihren Geist und vorübergehend auch Ihre Seele ›behaust‹. Daher beginnt man ganzheitliche Entspannung immer mit dem Körper.

Bevor Sie die Übung ausführen, lesen Sie sich die einzelnen Punkte zuerst durch. Legen Sie dann das Buch beiseite, und befolgen Sie die Anweisungen. So müssen Sie während der Übung nicht noch einmal die einzelnen Schritte nachlesen. Vermutlich sitzen Sie gerade auf einem Stuhl, während Sie dies lesen. Aber wissen Sie auch, wie man richtig auf einem Stuhl sitzt?

1. Stellen Sie beide Füße senkrecht und ganz sanft auf den Boden. Führen Sie jede Bewegung, die Sie während der folgenden Entspannungsübung machen, sanft aus. Tun Sie nichts verkrampft.

2. Stellen Sie sich vor, Sie würden vierhundert Pfund wiegen und daß sich dieses enorme Gewicht auf der Stuhlfläche ausruht. Versuchen Sie nicht, es abzustützen. Lassen Sie das den Stuhl erledigen.

3. Heben Sie Ihren rechten Arm langsam über den Kopf. Lassen Sie dann den Arm schwerfällig auf Ihr rechtes Knie fallen. Wiederholen Sie die Übung dreimal.

4. Wiederholen Sie die vorhergehende Übung mit dem linken Arm.

5. Atmen Sie dreimal tief durch. Atmen Sie dabei jedesmal ganz langsam aus, bis die Lunge völlig leer ist, bevor sie wieder einatmen.

6. Lassen Sie Ihren Kopf nach vorne fallen, so als ob es in Ihrem Nacken keinen Halt gäbe. Stellen Sie sich vor, daß Ihr Kopf von den Schultern herunterfallen würde, wenn er nicht angewachsen wäre.

7. Entspannen Sie Ihre Gesichtsmuskeln, indem Sie die Gesichtszüge lockern. Sagen Sie sich folgenden Satz vor: »Mein Gesicht ist locker, ganz locker, jeder Muskel entspannt sich.«

8. Öffnen Sie die Augen, und stellen Sie sich vor, daß an Ihren Augenlidern kleine Gewichte befestigt wären. Lassen Sie die Gewichte Ihre Lider schließen. Öffnen und schließen Sie die Augen dreimal.

9. Stellen Sie sich vor, Jesus Christus wäre bei Ihnen und er würde Ihre Augenlider, Ihr Gesicht und Ihr Herz mit der heilenden Kraft seiner Finger berühren. Versuchen Sie die Worte zu hören, die er angesichts der Anspannung Ihrer Muskeln und Nerven zu Ihnen spricht: »Sei ruhig, sei ganz friedlich.« Sprechen Sie die Worte in demselben Ton, in dem er es nach Ihrer Vorstellung tun würde, langsam, ruhig und liebevoll.

10. Stellen Sie sich dann vor, wie Gottes heilsamer Friede in Ihre Muskeln, Gewebe, Blutgefäße und Nerven dringt. Beenden Sie die Übung mit den Worten: »Mein Körper, der geheiligte Tempel meiner Seele, wird durch das Heil von Jesu Christi Gnade entspannt, erneuert und erquickt.«

Halten Sie diesen Gedanken fest, und bleiben Sie so noch fünf Minuten still sitzen. Erheben Sie sich dann langsam von Ihrem Stuhl, und gehen Sie langsam. Sie sind jetzt voller Energie und Frische, um den Tag zu beginnen.

Wiederholen Sie diese Übungen auch während des Tages, ganz oder teilweise, und wann immer Sie einen Moment Zeit haben. Mit anderen Worten, lernen Sie, sich zu entspannen, wo immer Sie sich gerade aufhalten. Rufen Sie sich immer wieder ins Gedächtnis, daß sich neue Kräfte nur durch Entspannung entwickeln können. Also, immer mit der Ruhe!

Leiden Sie unter großer nervlicher Anspannung? Dann sollten Sie drei Tage lang nur diese eine Lektion wiederholen, und sich erst dann der zweiten Lektion zuwenden.

## Wie man seinen Geist entspannt

Sie haben gerade gelernt, wie man seinen Körper entspannt, doch vielleicht bewegen Sie sich außerdem auch noch in einem psychischen Teufelskreis. Physische Entspannung kann zwar helfen, aufgewühlte Gedanken zu beruhigen. Da die momentane Verfassung aber von dem bestimmt wird, was man denkt, ist eine wirksame Entspannung unmöglich, solange Ihre Gedanken mit Spannung beladen sind.

Deshalb wollen wir uns nun um Ihre geistige Verfassung kümmern und in der folgenden Übung versuchen, den Geist zu entspannen.

1. Setzen Sie sich entspannt auf einen Stuhl (wie es in der vorhergehenden Lektion beschrieben wurde).

2. Stellen Sie sich vor, Ihr Geist sei ein See, über dem ein Sturm tobt; die Wasseroberfläche ist in Aufruhr geraten und schlägt tosende Wellen. Doch auf einmal glätten sich die Wellen, und das Wasser ist still und unbewegt.

3. Versuchen Sie, sich die schönsten und friedvollsten Bilder ins Gedächtnis zu rufen, an die Sie sich erinnern können, und denken Sie zwei oder drei Minuten lang darüber nach. Das kann z. B. ein Berg bei Sonnenuntergang, ein tiefes Tal in morgendlicher Stille, ein Wald zur Mittagszeit oder ein gekräuseltes Gewässer im Mondschein sein. Versuchen Sie, sich in die Vergangenheit zurückzuversetzen, und diese Augenblicke noch einmal zu durchleben.

4. Wiederholen Sie langsam und friedlich einige Worte, die Ruhe und Frieden ausdrücken, und versuchen Sie dabei, ihren Wohlklang zu betonen, sagen Sie z. B. (a) Gelassenheit (sprechen Sie es bedächtig und gelassen), (b) Gemütsruhe, (c) Ausgeglichenheit. Überlegen Sie sich noch mehr Wörter dieser Art, und wiederholen Sie sie.

5. Notieren Sie alle Erlebnisse, bei denen Ihnen Gottes wachsame Fürsorge bewußt wurde. Erinnern Sie sich, wie

er die Dinge ins Lot gebracht und sich um Sie gekümmert hat, als Sie besorgt und ängstlich waren. Wiederholen Sie dann die folgende Strophe aus einem alten Loblied: »So lange hat seine Kraft mich getragen, er wird mich auch weiterhin führen.«

6. Wiederholen Sie die folgenden Worte, denn sie wirken sich sehr positiv auf Ihre geistige Entspannung und die Beruhigung Ihrer Gedanken aus: »Du wirst dem, der in Gedanken bei dir ist, vollkommenen Frieden geben.« Sprechen Sie den Satz dreimal.

7. Diesen Bibelvers sollten Sie sich mehrmals täglich laut vorsagen. Nutzen Sie jeden freien Augenblick, so daß Sie die Worte bis zum Abend einige Male gesprochen haben. Konzentrieren Sie sich darauf, daß dieser Satz ein aktives und lebendiges Element Ihrer Gedanken wird und dort eine Heilung bewirkt. Es gibt keine bessere Medizin gegen psychische Spannungen.

## Die Bibel kann helfen

Sehr viele Menschen betrachten die Bibel als Quelle übernatürlicher Kräfte. Empfinden Sie nicht so? Vielleicht wissen Sie nur nicht, wie man dieses unersetzliche Werkzeug für ein glückliches und erfolgreiches Leben nutzt. Dazu müssen Sie kein Gelehrter sein.

Befolgen Sie nur die folgenden simplen Ratschläge, und dieses wunderbare Buch wird Ihnen seine Reichtümer ausschütten.

1. Nehmen Sie es in die Hand, schlagen Sie es auf, und lesen Sie darin. Solange es im Regal steht, wird es Ihnen nicht viel nützen.

2. Kaufen Sie eine Bibel, mit einem hübschen Einband und gutem Druck, ein schönes Buch also, das Sie gerne in die Hand nehmen.

Lernen Sie dieses Buch zu lieben. Oder benutzen Sie eine Bibel mit persönlichem Wert, z. B. die Bibel, die Ihnen Ihre Mutter, Ihr Vater, Ihr Pfarrer oder Ihr Lehrer geschenkt hat.

3. Lesen Sie die ersten vier Bücher des Neuen Testaments, die Kapitel des Matthäus, Markus, Lukas und Johannes. Lesen Sie ein Kapitel täglich. Manche Menschen tun dies lieber früh morgens, doch ich persönlich rate Ihnen das jeweilige Kapitel unmittelbar vor der Nachtruhe zu lesen. So schlafen Sie mit den allerbesten, glücklichsten und positivsten Gedanken ein und bestimmen gleichzeitig Ihr Denkmuster für den kommenden Tag. Wenn Sie jeden Tag ein Kapitel durchnehmen, sind Sie in 89 Tagen mit der Lektüre dieser ersten vier Bücher fertig. Wiederholen Sie dann den ganzen Vorgang. Im Neuen Testament finden Sie die wichtigsten Grundsätze Jesu. Studieren Sie es gründlich, denn es birgt das unbezahlbare Geheimnis eines großen Lebens.

4. Um Ihr Wissen zu vertiefen, sollten Sie das Ganze ein drittes Mal wiederholen. Dazu brauchen Sie insgesamt 267 Tage. Unterstreichen Sie die Verse, die Ihnen besonders gut gefallen, wenn Sie die Kapitel des Matthäus, Markus, Lukas und Johannes zum zweiten Mal durchlesen. Lernen Sie beim dritten Durchgang jeden Tag eine dieser unterstrichenen Textstellen auswendig. Dadurch werden die neuen Gedanken ein dauerhafter Bestandteil Ihres geistigen Rüstzeugs. Je mehr solcher Verse Sie hinzufügen, um so eher können Sie die Heilige Schrift in Gedanken stets mit sich führen. Nutzen Sie jede frei Minute, um sich das Gelernte vorzusagen. Diese Verse sind wie ein Rettungsanker, an den Sie sich klammern können, wenn Sie einmal im Strom des

Lebens abtreiben und Schiffbruch erleiden. Sie werden dafür sorgen, daß Sie nicht untergehen, und sie werden Ihnen das Leben retten.

5. Wir werden oft von den unterschiedlichsten Stimmungen geplagt. Einmal sind wir voller Angst; dann wieder verärgert und gereizt; ein anderes Mal ist vielleicht einer unserer Angehörigen krank, oder wir fühlen uns sehr einsam. Die Bibel weiß für all unsere Gefühlslagen einen Trost. Nehmen Sie also Ihr Buch in die Hand, schließen Sie die Augen, und beten Sie, daß Gott die richtige Botschaft für Sie bereithält. Öffnen Sie dann Ihre Bibel. Wahrscheinlich ist nicht gleich der erste Vers, auf den der Blick fällt, die Antwort auf Ihr Problem; Gottes Hilfe funktioniert nicht automatisch. Lesen Sie nur weiter, und Sie werden auf die Stelle stoßen, an der er zu Ihnen spricht – Sie erkennen es sofort. Auf diese Weise werden Sie mit allen Teilen der Bibel vertraut, und Sie lernen mit der Zeit, wo Sie in bestimmten Situationen nachschlagen müssen.

6. Versuchen Sie es einmal mit dieser wundervollen Anregung. Wenn Sie einen ganzen Abend Zeit haben, lesen Sie das Buch der Psalmen ohne Unterbrechung von Anfang bis Ende. Wenn Sie fertig sind, wird Ihr Vertrauen über alle Probleme siegen, und Sie werden sich so stark fühlen, daß Sie vor Freude am liebsten laut schreien möchten. Diese Empfindung ist einzigartig. Verpassen Sie sie nicht!

Ich habe entdeckt, daß sich mit Hilfe dieser Praktik die Zukunftsperspektive von trauernden und enttäuschten Menschen von Grund auf ändern kann. Man lernt, daß menschliches Leiden überwunden werden kann, egal wie schrecklich es ist.

7. Hoffentlich sind Sie neugierig geworden und möchten die Heilige Schrift wie ein Gelehrter erforschen. Wenden Sie

sich, wenn möglich, auch an Ihren Pfarrer. Er kann Sie bei Ihren Studien unterstützen.

## Wie man richtig betet

Wenn Sie eine Lösung für Ihre persönlichen Probleme suchen und sich geistige Ruhe sowie genügend Kraft für ein erfülltes Leben wünschen, sollten Sie die Kunst des Betens erlernen. Denn ohne Gebet werden diese Wünsche nicht in Erfüllung gehen. Die meisten Menschen verstehen unter Gebet, sich hinknien und einige flüchtige Worte sprechen. Sie vergessen, daß Beten eine der wichtigsten menschlichen Fähigkeiten ist und daß dazu weit mehr gehört. Beten bewirkt, daß die Kraft Gottes, als ob sie mechanisch angetrieben würde, in das tägliche Leben von Millionen Menschen fließt. Wie auf Knopfdruck werden die Kräfte und Energien freigesetzt. Es ist immer wieder faszinierend, daß durch einfache Gebete Probleme gelöst, Belastungen weggenommen, Hindernisse überwunden, Gesundheit wiederhergestellt und viele andere verblüffende Resultate erzielt werden können.

Doch wie bei jeder anderen Geschicklichkeit muß man auch hier erst Schritt für Schritt die richtige Technik erlernen, bis man den Kreis öffnen kann und diese Kraft empfängt:

1. Wie also soll man beten? Sprechen Sie einfach mit Gott, so wie ein kleiner Junge mit seinem Vater sprechen würde, den er liebt und mit dem ihn eine harmonische Beziehung verbindet. Erzählen Sie dem Herrn alles, was in Ihrem Kopf und Ihrem Herzen vorgeht.

2. Sie werden sich leichter tun, wenn Sie sich mit Gott in umgangssprachlichem Ton unterhalten. Er versteht Deutsch, und es ist wirklich nicht nötig, daß Sie sich über-

trieben steif ausdrücken. Sie tun das ja auch nicht, wenn Sie mit Ihrem Vater sprechen, und schließlich ist er Ihr himmlischer Vater. Bei öffentlichen Gebeten ist man meist darauf bedacht, eine gewisse Form zu wahren, wahrscheinlich ist es auch angebracht, sich etwas förmlicher an Gott zu wenden. Doch im persönlichen und privaten Bereich können Sie Gott ruhig ›duzen‹. Das bedeutet nicht, daß Sie deswegen weniger Respekt vor ihm haben, aber die Beziehung zu ihm wird dadurch natürlicher.

3. Erzählen Sie Gott von Ihren Wünschen. Sagen Sie ihm, wonach Sie sich sehnen – vorausgesetzt es entspricht auch seinem Wunsch. Lassen Sie ihn wissen, daß Sie ihm die Entscheidung überlassen und diese als die beste von allen akzeptieren. Wenn Sie das regelmäßig tun, wird alles kommen, wie es kommen soll und Sie finden Ihre Erfüllung darin. Gott kann Ihnen soviel geben – die wunderbarsten Dinge. Es ist wirklich schrecklich, daß wir oft an seinen Herrlichkeiten vorbeigehen, nur weil wir uns etwas anderes einbilden, das vielleicht nicht halb so schön ist.

4. Beten Sie jeden Tag und so oft sich eine Möglichkeit bietet. Unterhalten Sie sich lieber mit Gott, anstatt die Gedanken ziellos in Ihrem Kopf umherspuken zu lassen. Wenn Sie z. B. beim Autofahren einen Beifahrer hätten, würden Sie mit ihm oder ihr sprechen, stimmt's? Stellen Sie sich also vor, Gott säße neben Ihnen – Sie wissen ja, er ist immer bei Ihnen – und Sie würden mit ihm über alles mögliche reden. Plaudern Sie ein wenig mit ihm, wenn Sie zum Beispiel an der Bushaltestelle stehen. Abends vor dem Schlafengehen sollten Sie in der altmodischen Manier zum Gebet niederknien. Wenn Sie diese Zeremonie schon viele Jahre ausüben und im Laufe der Zeit eine stereotype Formalität daraus geworden ist, sollten Sie sich lieber ins Bett legen. Beginnen Sie erst zu beten, wenn Sie vollkommen entspannt sind.

5. Ein Gebet muß jedoch nicht immer gesprochen werden. Denken Sie statt dessen einfach eine Minute lang an Gott. Denken Sie daran, wie gut er ist und wie freundlich, daß er Ihnen zur Seite steht, um Sie zu führen und Sie zu bewachen.

6. Versuchen Sie mit Ihren Gebeten anderen Menschen zu helfen. Beten Sie für Menschen, die in Not geraten oder krank sind. Beten Sie für Ihre Angehörigen, und vor allem für diejenigen, die Sie nicht mögen oder die Ihnen unrecht getan haben. Das wird Ihnen besonders gut tun, denn Sie profitieren mehr, indem Sie für Menschen beten, die Sie ablehnen, als für solche, die Sie lieben. Sollten Sie daran zweifeln, probieren Sie es einfach sechs Monate lang aus, und stellen Sie anschließend fest, was sich bei Ihnen selbst und vielleicht auch bei den anderen, für die Sie gebetet haben, geändert hat.

Ich bin überzeugt, daß Gebete sehr viel Ausstrahlung besitzen und daß man andere Menschen durch sie positiv beeinflussen kann.

Bestimmen Sie jemanden, der Ihnen Schwierigkeiten macht, und schicken Sie ihm Gebete. Umhüllen Sie ihn gleichsam mit wohlwollenden Gebeten, guten Wünschen und Vertrauen.

Mit dieser Methode habe ich schon die verblüffendsten und unglaublichsten Dinge erlebt.

7. Achten Sie darauf, daß Sie Gott in Ihren Gebeten nicht immer nur bitten. Ein Gebet aus Dankbarkeit ist oft wirkungsvoller. Denken Sie im Gebet an schöne Dinge, die Sie besitzen oder erlebt haben. Zählen Sie alles auf, was Ihnen einfällt, und danken Sie Gott dafür. Lassen Sie das Ihr ganzes Gebet sein. Mit der Zeit werden Ihnen immer mehr Dinge bewußt werden, die Sie Gott verdanken und Ihre Danksagungen werden immer länger.

## Lernen Sie, sich zu beherrschen

Sie wissen sicher, wie erschöpft und beschämt man sich fühlt, nachdem man richtig zornig war. Wahrscheinlich denken Sie zunächst, daß Sie das ›Recht hatten, wütend zu sein‹ und daß Sie ›ihm oder ihr ordentlich Bescheid gesagt haben‹. Sie versuchen sich zu rechtfertigen, daß Sie ›es ihr oder ihm gegeben haben‹ und dabei ›kein Blatt vor den Mund genommen haben‹. Doch im Grunde strapazieren Sie dabei nur Ihre Nerven und machen nebenbei noch einen Narren aus sich.

Schließlich verkünden Sie traurig, ›ich werde es nie wieder tun‹. Doch wenn Sie nicht lernen, sich zu beherrschen, werden Sie bei der nächsten Gelegenheit wieder genau so handeln.

Wie funktioniert Selbstbeherrschung?

1. Machen Sie sich klar, daß Ärger ein Gefühl ist und daß Gefühle immer leidenschaftlich und hitzig sind. Sie müssen also versuchen, Ihre Gefühle abzukühlen, um sie abzuschwächen. Und wie macht man das? Wenn jemand wütend wird, ballt er die Fäuste, seine Stimme wird grell, die Muskeln sind angespannt (aus psychologischer Sicht machen Sie sich zum Kampf bereit, das Adrenalin schießt durch Ihren Körper). In unserem Nervensystem machen sich die Überreste des Höhlenmenschen bemerkbar.

Lernen Sie, dieser Empfindung gelassen gegenüberzutreten und Ihren Kopf davon zu befreien.

Konzentrieren Sie sich darauf, nicht die Faust zu ballen. Halten Sie die Hand, wenn nötig, ausgestreckt. Dämpfen Sie gleichzeitig den Klang Ihrer Stimme, bis Sie nur noch flüstern. Lassen Sie sich in einen Stuhl fallen, oder, noch besser, legen Sie sich flach auf den Boden. Sie werden feststellen, wie schwierig es ist, wütend zu sein, wenn man ruhig auf dem Boden liegt.

2. Sagen Sie laut zu sich selbst: »Sei kein Dummkopf. Es bringt dir überhaupt nichts, also laß es sein.«

In diesem Moment fällt es Ihnen wahrscheinlich schwer zu beten; tun Sie es trotzdem. Versuchen Sie, sich Jesus Christus so wütend vorzustellen, wie Sie es gerade sind. Sie werden es nicht schaffen, aber diese Gedanken bringen Ihren Ärger zum Platzen.

3. Einer der besten Ratschläge zur Abkühlung von Wut stammt von Mrs. Grace Oursler, leitende Herausgeberin des ›Guideposts Magazine‹. Zuerst hat sie immer, wenn sie wütend war, bis zehn gezählt, doch dann kam ihr die Idee, statt dessen die ersten zehn Worte des ›Vater unser‹ aufzusagen. »Vater unser, der Du bist im Himmel, geheiligt werde Dein Name.« Sprechen Sie das zehnmal hintereinander, und ich bin sicher, daß sich Ihr Ärger verflüchtigt, noch ehe Sie damit fertig sind.

4. Das Wort ›Wut‹ ist ein umfangreicher Begriff, denn es bringt die geballte Wucht vieler kleiner, angestauter Ärgernisse zum Ausdruck. Dadurch, daß eins zum anderen kommt, gewinnen diese geringfügigen Ärgernisse immer mehr an Intensität und enden schließlich in einem gewaltigen Zornausbruch, über den wir oft selbst verblüfft sind. Schreiben Sie deshalb alles auf, was Sie ärgert, egal wie belanglos oder wie kindisch es Ihnen erscheint. Vergessen Sie nichts. Nur so können Sie die winzigen Bäche austrocknen, die dem großen Fluß Ihrer Wut das Wasser zuführen.

5. Verfassen Sie Gebete über die einzelnen Ursachen Ihres Ärgers, und besiegen Sie so eine nach der anderen. Warten Sie nicht wieder, bis Sie in Wut geraten. Mit einem kurzen Gebet können Sie sich jeden Ärger sofort vom Hals schaffen oder zumindest erheblich abschwächen, so daß Sie ihn jederzeit unter Kontrolle haben.

6. Gewöhnen Sie sich an, jedesmal wenn Sie in Rage geraten, zu sagen: »Ist es das wirklich wert, daß ich mich aufrege? Ich werde mich nur lächerlich machen, und ich werde meine Freunde verlieren.« Zur Unterstützung dieser Methode sollten Sie sich täglich, ein paar Minuten lang, folgende Worte vorsprechen: »Nichts ist wert, sich darüber aufzuregen oder darüber wütend zu werden.«

7. Letztendlich aber kann nur ein großer Meister diesen wilden, undisziplinierten und primitiven Trieb zähmen, der immer wieder Besitz von uns ergreift. Beenden Sie diese Lektion mit folgendem Gebet: »Du kannst die Menschen verwandeln, daher bitte ich Dich, die Reizbarkeit in mir zu verwandeln. Du gibst mir die Kraft, der Sünde des Fleisches zu widerstehen, gib mir auch Kraft, den Sünden der Launenhaftigkeit standzuhalten. Bewahre mich vor dem Zorn. Leg Deinen heilsamen Frieden über meine Nerven und meine Seele.« Wiederholen Sie dieses Gebet dreimal täglich, wenn Sie schlecht gelaunt sind. Es wäre zweckmäßig, Sie würden es aufschreiben und irgendwo sichtbar anbringen, z. B. auf Ihrem Schreibtisch, in der Küche über der Spüle, oder Sie tragen es in der Brieftasche stets bei sich.

## Seien Sie nicht so empfindlich

Sind Sie schnell verletzt? Können Sie gut darüber hinwegkommen? Diese beiden Fragen sind sehr wichtig. Denn wer sehr verletzlich ist und nicht weiß, wie er damit fertig werden soll, schafft sich nicht nur selbst große Probleme, sondern belastet damit auch seine Familie, seine Mitarbeiter und seine Freunde. Die meisten Menschen stehen sich mit ihrer unkontrollierten Reizbarkeit selbst im Weg.

Was also können wir tun, um verletzte Gefühle möglichst schnell zu überwinden?

1. Versuchen Sie, eine Situation, in der Sie verletzt wurden, so schnell wie möglich wieder in Ordnung zu bringen. Grübeln Sie nicht mehr darüber nach, als unbedingt nötig, handeln Sie lieber. Sie dürfen auf keinen Fall Ihrem Mißmut oder Selbstmitleid nachgeben. Und lassen Sie vor lauter Ärger den Kopf nicht hängen. Tun Sie einfach so, als hätten Sie sich den Finger verletzt, besorgen Sie sich ein ›Pflaster‹. Warten Sie nicht, bis die Situation außer Kontrolle gerät. Unternehmen Sie sofort etwas gegen Ihre verletzten Gefühle mit einer Art geistigem Jod.

2. Führen Sie eine ›Kummer-Drainage‹ durch. Öffnen Sie die geistigen Pforten, und lassen Sie den Kummer ausströmen. Suchen Sie sich eine Person Ihres Vertrauens, und schütten Sie Ihr Herz aus, bis die letzte Spur Ihrer Sorgen verschwunden ist. Versuchen Sie dann alles zu vergessen.

3. Schreiben Sie demjenigen, der Sie verletzt hat, einen Brief. Teilen Sie ihm genau mit, wie es dazu kam. Nehmen Sie kein Blatt vor den Mund, und schreiben Sie offen, was Sie denken. Falten Sie den Brief, und kleben Sie ihn zu. Schicken Sie ihn aber nicht ab, sondern zerreißen Sie ihn. Beten Sie, mit den Papierfetzen in Ihrer Hand, für die betreffende Person, und vergeben Sie ihr. Nun können Sie erleichtert feststellen, daß Sie Ihren Kummer mit Gottes Hilfe hinter sich gelassen haben. Werfen Sie die Fetzen in den Papierkorb.

4. Stellen Sie sich die Frage, warum Sie so empfindlich sind. Bitten Sie Gott, den wunden Punkt zu heilen.

5. Prüfen Sie ehrlich, ob Sie an der ganzen Situation nicht doch mehr Schuld tragen, als Sie zugeben wollen. Auch wenn das nicht der Fall ist, sollten Sie immer erst einen kritischen Blick auf sich selbst richten.

6. Zum Schluß noch folgender Ratschlag: Fangen Sie sofort an, für denjenigen, der Sie gekränkt hat, zu beten. Beten Sie so lange, bis Sie nicht mehr böse sind. Manchmal dauert das eine ganze Weile. Ein Mann, der diese Methode probiert hat, erzählte mir, er habe mitgezählt, wie viele Gebete er sprechen mußte, um seinen inneren Groll zu überwinden und wieder Frieden zu finden: er betete vierundsechzig Mal. Er hatte eine Vorlage, nach der er die Gebete wortwörtlich ablesen konnte. Ich versichere Ihnen, daß diese Methode funktioniert.

7. Sprechen Sie sich dieses kurze Gebet vor: »Möge die Liebe Christi mein Herz erfüllen.« Und dann: »Möge die Liebe Christi für ... (fügen Sie hier den Namen der betreffenden Person ein) mein Herz erwärmen.« Wenn Sie Ihre Bitte ehrlich meinen, wird Ihr Wunsch erfüllt.

## Laßt uns einander vergeben

Nach der Aussage eines New Yorker Arztes sind siebzig Prozent seiner Patienten, laut Krankengeschichte, buchstäblich krank vor Ärger. »Haß und Neid machen die Menschen krank«, sagt er, »wenn Sie in der Lage wären, zu verzeihen, würde Ihnen das entschieden mehr helfen, als alle Medikamente.« Ein anderer Arzt erzählte mir von einem Patienten, der an ›Neiditis‹ gestorben ist – er war lange Zeit vom Neid auf einen Mitmenschen besessen. Vergeben ist also heilsam, ganz zu schweigen davon, daß es einen glücklich macht.

Ist es Ihnen wirklich ernst mit der Selbstverbesserung? Dann hören Sie lieber damit auf, übelzunehmen oder nachzutragen. Wie wird man ein nachgiebiger Mensch? Es gibt einige Punkte, die Sie sorgfältig und gründlich befolgen sollten:

1. Versuchen Sie alle negativen Gefühle zu überwinden, auch wenn Sie das viel Kraft kostet. Es ist immer mühsam, eine alte Gewohnheit abzulegen. Auch wenn Sie am liebsten aufgeben möchten, weil es Ihnen zu anstrengend wird, machen Sie weiter. Der Erfolg wird sich zu gegebener Zeit einstellen. Christus wußte, wie schwierig es ist, zu verzeihen, als er sagte: »Verzeih, wenn nötig, siebzig mal sieben.« Das ergibt vierhundertneunzig. Ich prophezeie Ihnen, daß Sie lange, bevor Sie vierhundertneunzig Mal vergeben haben, vom Haß befreit sein werden.

2. Denken Sie daran, daß Sie durch Böswilligkeit, nicht nur anderen, sondern vor allem sich selbst schaden. Das kann sogar bis zur ernsten Krankheit führen.

3. Vergessen Sie nicht, daß Sie Gottes Segen erst erhalten, wenn Sie bereit sind zu verzeihen. Es ist ein religiöses Gesetz, daß Gottes Wille nur den erreicht, der bereit ist, ihn zu empfangen und weiterzugeben.

4. Es reicht nicht, nur an Vergebung zu denken. Sie müssen einen bestimmten Punkt erreichen, an dem Sie sich sagen: »Mit Gottes Hilfe will ich *jetzt* verzeihen.« (Versuchen Sie es jetzt, in diesem Augenblick, wo Sie darüber lesen und seien Sie positiv.)

5. Beten Sie das ›Vater unser‹, und setzen Sie an die folgende Stelle den Namen Ihres Schuldigers: »Vergib mir meine Schuld, wie auch ich vergebe ...«

6. Beten Sie für andere, und erbitten Sie Gnade. Die positive Wirkung dieser Gebete wird Sie überraschen. Lesen Sie nicht weiter, und beten Sie jetzt. Dieses Buch ist keine philosophische Abhandlung, nur wenn Sie die Übungen sofort anwenden, erzielen Sie Fortschritte.

7. Lernen Sie, sich über Menschen, denen Sie feindselig gegenüberstehen, stets positiv zu äußern.

8. Verfassen Sie einen kurzen Brief über Ihre gute Absicht. Seien Sie nicht beleidigt, wenn Sie keine Antwort erhalten. Ihr Herz ist erleichtert, und nur das ist wirklich wichtig. Schreiben Sie den Brief, sobald Sie diese Lektion fertig gelesen haben.

9. Überlegen Sie sich, wie es zu dieser unglückseligen Situation kommen konnte, und korrigieren Sie nachträglich Ihr fehlerhaftes Verhalten. So vermeiden Sie, daß ähnliche Konflikte in der Zukunft auftreten.

10. Bitten Sie Christus, er möge eine dauerhafte Wandlung in Ihnen bewirken und so zukünftigem Streit vorbeugen. Beten Sie, daß Sie ohne jede Neigung zu Haßgefühlen wiedergeboren werden. Es wird geschehen, denn es ist Ihr aufrichtiger Wunsch, wenn Sie inständig darum bitten. Befreien Sie Ihr Herz von allen negativen Gefühlen, und Sie werden erstaunt sein über Ihre neue Kraft und Ihr neues Glück.

## Machen Sie sich keine Sorgen

Sie brauchen sich wirklich keine Sorgen zu machen. Im Grunde ist das nur eine Eigenschaft, die Sie von anderen gelernt haben. Man wird schließlich nicht mit Sorgen geboren, sondern man eignet sie sich an. Da man jedes Verhalten ändern und jede Gewohnheit ablegen kann, können Sie auch die Sorgen aus Ihrem Kopf vertreiben. Viele Menschen vergeuden ihre halbe Energie damit, sich Sorgen zu machen. Es gibt nur eine Gelegenheit, um damit aufzuhören, und das ist *heute*. Richten Sie sich nach unseren Empfehlungen, und versetzen Sie Ihren Sorgen einen so gewaltigen Stoß, daß sie sich nie mehr davon erholen. Die nachfolgenden Schritte helfen Ihnen, für immer sorgenfrei zu werden:

1. Wenn Sie sich Sorgen machen, sollte Ihnen bewußt sein, daß es sich dabei um eine Gewohnheit handelt.

2. Erkennen Sie, welchen Schaden Sorgen anrichten. Sie sind der ärgste Feind der menschlichen Persönlichkeit, des Menschen schlimmste Geißel. Man sagt: »Ich bin krank vor Sorge«, und fügt anschließend schmunzelnd hinzu: »Natürlich nicht wirklich krank.« Aber oft ist man wirklich krank vor Sorge.

3. Sorgen lassen sich in drei Kategorien einteilen (gemäß einer Studie über Krankheitsgeschichten, die von einem Ärzteteam durchgeführt wurde, sind Sorgen die Hauptursache für Krankheit): 40% sind Sorgen über die Vergangenheit, 50% über die Zukunft und 10% über Belange der Gegenwart.

4. Lernen Sie zu vergessen, und befreien Sie sich von den Sorgen über vergangene Fehler – *schauen Sie nie zurück*. Wiederholen Sie folgende Worte jeden Morgen beim Aufstehen und jeden Abend beim Einschlafen: »Das Zurückliegende vergessen und den Dingen, die kommen, entgegensehen, so eile ich vorwärts.« Wiederholen Sie diesen Satz *jetzt* dreimal langsam. Er wird Ihnen zu geistiger Gesundheit verhelfen.

5. Betrachten Sie eine weise Äußerung von William James, dem bedeutenden Psychologen: »Das Wesentliche am genialen Menschen ist zu wissen, was man nicht beachten soll.« Sprechen Sie sich dieses Zitat laut vor, und lernen Sie es auswendig.

6. Gewinnen Sie Vertrauen in Ihre Zukunft – und darüber hinaus auch in die Zukunft der ganzen Welt. Erinnern Sie sich daran, daß uns neben all dem Ärger und den Schwierigkeiten noch jemand begleitet, nämlich Gott. Er war schon lange vor Ihnen hier und wird sicher nicht so schnell von Ihnen oder den Menschen weichen, die ihm Vertrauen entgegenbringen.

7. Üben Sie sich in der Kunst des Gleichmuts. Sprechen Sie diese Worte, ungeachtet all Ihrer gegenwärtigen Probleme: »Gott macht mich ruhig und friedlich. An einem unerschütterlichen Geist perlen Sorgen ab wie Wasser am Rücken einer Ente.«

8. Befreien Sie Ihre Gedanken, indem Sie sagen: »Ich mache jetzt meinen Kopf leer von jeglicher Besorgnis, Furcht und Unsicherheit.« Tun Sie es *jetzt* mit Ihrer ganzen Vorstellungskraft. Stellen Sie sich vor, wie Sie selbst in Ihre Gedanken eindringen und eine Sorge nach der anderen entfernen.

Kinder haben eine viel bessere Vorstellungskraft als Erwachsene. Ein Schmerz kann ihnen beispielsweise weggeküßt oder aus dem Fenster geworfen werden. Weil sie daran glauben, daß der Schmerz dadurch vergeht, spüren sie ihn tatsächlich nicht mehr. Jesus sagt, wir sollen wieder ›wie kleine Kinder‹ werden.

9. Füllen Sie nun Ihren Geist wieder auf. Sagen Sie: »Gott ist *jetzt* bei mir. Er ist mein ständiger Begleiter. Er wird mich nie verlassen.« Das Wissen um seine Gegenwart und Christi Begleitung gibt Ihnen einen sicheren Schutz. Oder würden Sie sich noch sorgen, wenn Sie vollkommen davon überzeugt wären, daß Christus tatsächlich bei Ihnen wäre? Es gibt aber kein *Wenn*. Er hat versprochen bei uns zu sein, und er ist es auch.

## Mehr Freude an der Arbeit

Wer sich furchtbar abmüht und total überfordert ist, wird niemals gute Arbeit leisten. Das richtige Motto lautet: »Sachte! Immer mit der Ruhe!« Nur wer ohne Zwang arbeitet, kann in kurzer Zeit viel schaffen, und das Ergebnis seiner Arbeit ist der Beweis seines Könnens. Machen Sie sich das Leben und die Arbeit nicht unnötig schwer. Wir schlagen vor, daß Sie die folgenden Regeln gut auswendig lernen, damit Ihnen die Arbeit in Zukunft leichter von der Hand geht.

1. Stellen Sie sich vor, Sie wären Atlas und würden die ganze Erde auf Ihren Schultern tragen. Die Welt würde sich aber auch ohne Sie drehen. Nehmen Sie sich also selbst nicht so wichtig.

2. Lernen Sie, Ihre Arbeit zu lieben. Wenn Sie sich bisher eingeredet haben, sie zu hassen, fällt es Ihnen jetzt vielleicht schwer, sich vom Gegenteil zu überzeugen. Kämpfen Sie nicht dagegen an, sondern setzen Sie sich dafür ein, so wird die Plackerei zu einem Vergnügen. Sie müssen nicht erst den Job wechseln. Ändern Sie sich selbst, und Ihre Arbeit bekommt ein neues Gesicht.

3. Teilen Sie sich die Aufgaben ein. Machen Sie einen Plan für jeden Tag und arbeiten Sie danach. Dieses ›Ich versinke in Arbeit‹-Gefühl ist nur eine Folge mangelhafter Organisation, denn jede Aufgabe bedarf einer genauen Festlegung und Ausführung. Sie werden noch viel Spaß an Ihrer Arbeit haben.

4. Nehmen Sie sich nie vor, alles auf einmal erledigen zu müssen. Oft liegt es nämlich daran, daß man denkt, die Zeit renne einem davon. Denken Sie an einen weisen Rat aus der

Bibel, der lautet: »Dieses *eine* Ding tu ich.« Sagen Sie dies *jetzt* dreimal, und betonen Sie dabei das Wort *eine*. Die Devise ›ein Schritt nach dem anderen‹ wird Sie weiter bringen als zufälliges und sprunghaftes Handeln. Mit regelmäßiger Leistung und gleichmäßigem Tempo gelangen Sie sicher ans Ziel.

5. Spezialisieren Sie sich darauf, negative Einstellungen zu ändern. Der Schwierigkeitsgrad einer Tätigkeit hängt oft nur davon ab, wie man selbst darüber denkt. Wenn Sie von Anfang an überzeugt sind, die Arbeit sei schwer, wird sie Ihnen sicher schwerfallen. Halten Sie sie hingegen für leicht zu bewältigen, werden Sie keine Schwierigkeiten damit haben. Konzentrieren Sie sich also immer erst einen Augenblick auf die Mühelosigkeit Ihrer Arbeit.

6. Nehmen Sie sich vor, Ihren Beruf neu zu erlernen, denn ›Wissen ist Macht‹ (Wissen über Ihre Tätigkeit). Machen Sie eine genaue Analyse Ihrer beruflichen Tätigkeit, um herauszufinden, wie Sie alles so direkt wie möglich erledigen können. Sie werden feststellen, daß der direkte Weg immer besser und bequemer ist, weil man auf weniger Widerstand stößt.

7. Lernen Sie, entspannt zu arbeiten. Denken Sie stets an die Worte ›immer mit der Ruhe‹. Sie sollten nie Druck auf sich selbst ausüben oder sich überfordern. Erledigen Sie die Arbeit spielend. Wiederholen Sie diese Worte so oft wie möglich: »Ich kann diese Arbeit tun, denn ich weiß alles über dieses Material oder dieses Geschäft. Da ich gut informiert und dafür qualifiziert bin, brauche ich keine Angst zu haben oder nervös zu sein. Außerdem steht Gott mir bei und wird mir helfen.« Das wird Sie beruhigen und Ihr Selbstbewußtsein stärken, so daß Sie entspannt Ihre Pflicht tun können.

8. Gewöhnen Sie sich an Disziplin; lassen Sie nichts bis zum nächsten Tag liegen, was Sie heute erledigen können. Angesammelte, unerledigte Dinge erschweren die Arbeit nur unnötig. Also, schleppen Sie heute nicht die Last von gestern mit sich herum. Erstellen Sie einen festen Plan. Nehmen Sie sich *jetzt* eine Minute Zeit, und teilen Sie alle anstehenden Arbeiten für heute, morgen und übermorgen ein. Sie sehen, die Belastung ist nicht mehr so groß, weil Sie heute gar nicht so viel schaffen müssen, wie Sie befürchtet haben. Das Gefühl, man hätte zuviel zu tun, führt dazu, daß man schnell ermüdet, wenig Energie hat und jede Arbeit für schwer und anstrengend hält.

9. Beten Sie für das Gelingen Ihrer heutigen Arbeit. Dabei werden Ihnen die besten Ideen einfallen. Beginnen Sie jeden neuen Tag und jede Arbeit mit einem Gebet.

10. Erinnern Sie sich an den ›unsichtbaren Partner‹. Sie werden staunen, welche Last er Ihnen abnimmt. Gott ist in Büros, Fabriken und Läden genauso daheim wie in der Kirche. Er hat breite Schultern, kräftige Arme, wundervolle Ideen und steht Ihnen jederzeit zur Verfügung. Sie sollten seine Unterstützung nicht verschmähen. Außerdem weiß er besser über Ihre Firma Bescheid, als Sie vielleicht denken. Erst mit seiner Hilfe wird Ihre Arbeit wirklich gelingen.

## So treffen Sie wichtige Entscheidungen

Man sagt, die Geschichte wiederhole sich stets. Der Verlauf unseres Lebens besteht aus einer Ansammlung zahlloser Entscheidungen, die wir viele Jahre lang über große und kleine Dinge getroffen haben. Der Haken dabei ist, daß Sie nie wissen, ob sich eine scheinbar unwichtige Entscheidung nicht später als die Entscheidung Ihres Lebens erweist.

Im folgenden Abschnitt finden Sie einfache Schritte, die Ihnen helfen sollen, die richtige Entscheidung zu treffen:

1. Lernen Sie, ruhig zu werden, bevor Sie eine Entscheidung treffen. Sie brauchen dazu alle Kräfte, die Sie besitzen. Ein ruhiger Geist denkt am besten. Suchen Sie sich einen stillen Ort, setzen Sie sich und sammeln Sie sich. Wiederholen Sie die Entspannungsübungen der ersten Lektion. Versuchen Sie an friedliche Dinge zu denken. Lesen Sie dann noch einmal die zweite Lektion: ›Wie man seinen Geist entspannt‹.

2. Wiederholen Sie folgenden Text aus Psalm 73, Vers 24: »Du leitest mich nach deinem Ratschluß und nimmst hernach mich auf zur Herrlichkeit.« In der konfusen, verwirrenden und rätselhaften Welt, in der wir leben, besitzt kein Mensch die Klugheit und Weisheit, um weit und klar zu blicken. Wir haben aber Zugriff zu Gottes Meinung und Ratschlag, das heißt, Gott hilft uns, richtig zu entscheiden. Befolgen Sie seinen Rat, und Sie werden sich nicht irren. Verlassen Sie sich stets auf Gott, egal vor welche Entscheidung Sie gestellt werden.

3. Stellen Sie sich vor, daß Sie in Gedanken Gottes Rat empfangen, und zu gegebener Zeit ›wissen‹, wie dieser Rat lautet. Natürlich hören Sie dabei keine Stimme oder sehen irgendeine magische Schrift. Durch eine Art Gedankenübertragung – man nennt das auch ›die innere Stimme‹ – wird Ihnen Gott die richtige Idee eingeben. Sie haben eine geistige Erleuchtung. Wenn Sie heute Gottes Ratschlag brauchen, werden Sie ihn heute bekommen. Benötigen Sie ihn aber erst nächste Woche, sagen wir nächsten Montag um elf Uhr, werden Sie ihn zu dem Zeitpunkt erhalten. Sie müssen nur daran glauben. Bleiben Sie ruhig, und beten Sie regelmäßig.

4. Lassen Sie Gott Ihren geistigen Zustand verbessern und Ihr Denken korrigieren. Sprechen Sie die folgenden Worte dreimal hintereinander: »Eine solche Gesinnung wohne in euch allein, wie sie in Jesus Christus auch vorhanden war« (Philipper 2, Vers 5). Es heißt, »wir könnten uns in Platos Geist einnisten und von dort aus denken«. Das bedeutet, wir würden gleichsam in Platos gewaltiges Gehirn eindringen und könnten die Dinge so sehen wie er. Doch so intelligent Plato auch war, es gibt einen weitaus größeren Geist, dessen höchsten Punkt wir erklimmen und von dort mit ungeahnter Klarheit und Weisheit weit über uns selbst hinausblicken können. Betrachten Sie Ihre sämtlichen Probleme mit dem Geist Christi.

5. Stellen Sie sich die Frage: »Wie würde Jesus entscheiden?« Seine Entscheidung wäre doch richtig, oder nicht? Bitten Sie Gott jetzt, er möge Ihr Herz von allem Falschen und Unrechten befreien, denn aus Unrecht kann niemals Recht werden. Nur wer auf dem rechten Weg ist, wird die rechte Antwort kennen.

6. Sie sollten Entscheidungen niemals überstürzen. Wägen Sie die Dinge sorgfältig ab. Wenn Sie aufgeregt sind, sollten Sie erst einmal versuchen, ruhig zu werden und gründlich nachzudenken, denn sobald Sie sich beruhigt haben, erscheint alles in einem anderen Licht. Man darf eine Entscheidung auch nicht erzwingen. Sorgen Sie dafür, daß Sie sich in guter geistiger Verfassung befinden, dann fällt Ihnen auch die richtige Lösung ein.

7. Nehmen Sie sich Zeit, um Gott dafür zu danken, daß er Sie zur richtigen Entscheidung führt. Sagen Sie ihm, daß Sie dankbar sind für das große Glück, die richtige Einstellung zu haben und die Fähigkeit, Fehler hinter sich zu lassen. Sie werden die *richtige* Eingebung bekommen.

8. Wie stellen Sie fest, ob es der richtige Einfall ist, den Sie haben? J. L. Kraft, ein erfolgreicher Nahrungsmittelhersteller, sagt: »Ich bete fleißig und denke viel nach; wenn ich die Antwort brauche und soviel gebetet und nachgedacht habe wie ich konnte, sage ich einfach: ›Herr, bitte zeige mir, was als nächstes zu tun ist.‹ Dann ist der erste Gedanke, der mir in den Sinn kommt, die Lösung.« Er fügt hinzu: »Und meistens hatte ich recht damit, daß man sich auf diese Methode verlassen kann.«

9. Wenn Sie glauben, die richtige Antwort auf Ihre Frage zu wissen, vertrauen Sie mit ganzem Herzen darauf. Lassen Sie keine Zweifel aufkommen, und fangen Sie nicht wieder von vorne an, indem Sie die Sache lang und breit bereden. Vertrauen Sie, und seien Sie dankbar. Sie haben Gottes Rat gesucht und darum gebeten, Sie erkennen seine Antwort an dem klaren, hellen Licht, das Ihre Gedanken erleuchtet. Verlassen Sie sich darauf, es wird Sie durch die Dunkelheit führen. Mit Gottes Hilfe werden Sie alle Schwierigkeiten durchstehen.

## Können Sie sich freuen?

Echte Freude ist für die Entwicklung unserer Persönlichkeit unerläßlich, Sie sollten das auf Ihrem Weg zur Selbstverbesserung nicht unterschätzen. Es gibt Trainer für Sportarten wie z. B. Tennis oder Golf, die ihre Schüler auffordern, beim Training zu singen. Das lockert die Muskeln und bewirkt ein optimales Zusammenspiel von Augen, Nerven und Muskeln. Der Spieler kann so einen kräftigen Schlag oder Wurf ausführen. Baseballprofis, die ein glückliches und ausgeglichenes Leben führen, spielen entspannter und machen nicht so viele Fehler, wie Spieler mit einer verschlossenen Persönlichkeit. Red Barber, der berühmte Sportreporter, sagt, daß bei einem guten Baseballspieler die innere Verfassung eine Hauptrolle spielt. Gönnen Sie sich so viel Freude wie möglich, und sammeln Sie dabei neue Kräfte. Anschließend können Sie wieder entspannt an die Arbeit gehen und sich Ihrem Ziel zuwenden, anstatt sich davon abzuwenden. Sie werden staunen, wieviel Freude Sie haben können. Ein altes Loblied erteilt uns folgenden weisen Rat: »Zählen Sie das Glück, und benennen Sie eines nach dem anderen.«

Die meisten unglücklichen Menschen können ihre Sorgen und Probleme mit der Geschwindigkeit einer Rechenmaschine zusammenrechnen, fragt man sie hingegen, wie oft sie glücklich sind, sind ihnen darüber keine Angaben möglich. Das kommt daher, daß sie sich schon viel zu lange nur auf ihre Sorgen konzentrieren. So ist das Unglück zu ihrer zweiten Natur geworden.

Lernen Sie, sich zu freuen:

1. Schreiben Sie alles auf, was Ihnen Freude bereitet. Nehmen Sie ein leeres Blatt Papier und einen Stift zur Hand. Notieren Sie als Überschrift ›Meine Freuden und mein Glück‹, und beginnen Sie folgendermaßen:

a) ich bin dankbar, daß ich genug Kraft habe, um mich hinzusetzen und diesen Stift über das Papier zu führen,

b) ich bin dankbar, in einem Land zu leben, in dem Freiheit herrscht,

c) ich bin dankbar, daß ich ein festes, wasserdichtes Dach über dem Kopf, genug zu essen und anzuziehen habe.

2. Überlegen Sie sich noch mehr Dinge, die Sie dankbar machen, und gestalten Sie so Ihre persönliche Liste. Lassen Sie nichts aus, weil Sie denken, es sei unwichtig oder alltäglich – Sie würden all diese sogenannten alltäglichen Dinge schrecklich vermissen, wenn sie auf einmal nicht mehr da wären.

3. Schreiben Sie alles auf, worüber Sie sich täglich freuen sollten, z. B. Ihr Zuhause, wo ein gutes Abendessen auf Sie wartet, die lieben Gesichter Ihrer Familie rund um den Tisch, ein bequemer Stuhl, eine Lampe, ein offener Kamin. Bringen Sie die Liste zu Ende, und wiederholen Sie die einzelnen Punkte jeden Tag.

4. Wenn Sie mit dieser Lektion fertig sind, gehen Sie an die frische Luft, und atmen Sie fünfmal tief ein und aus. Achten Sie bewußt auf alles Schöne um Sie herum, z. B. wie der silberne Schein des Mondlichts auf den Rasen oder die Spitze eines alten Kirchturms fällt, oder wie hübsch sich das weiße Haus auf der anderen Straßenseite gegen die dunkle Nacht abhebt. Beobachten Sie das Muster, wenn Sonnenstrahlen durch Bäume auf einen gepflegten Rasen fallen. Freuen Sie sich am Anblick eines hellerleuchteten Zuges, der durch die Nacht braust, am Funkeln der stillen Sterne oder an einer Winternacht und dem knirschenden Geräusch des Schnees unter Ihren Füßen. Konzentrieren Sie sich auf diese Dinge, denn sie sind der Mittelpunkt des Lebens. Lernen Sie diese Dinge zu genießen, und Ihr Herz beginnt zu singen.

5. Erweisen Sie einem Freund einen unerwarteten Gefallen, und achten Sie auf den glücklichen und überraschten Ausdruck seiner Augen. Das wird Ihnen große Freude bereiten.

6. Überwinden Sie negative Empfindungen wie Furcht, Eifersucht, Neid, oder widerstehen Sie einer Versuchung. Es wird Sie glücklich und zufrieden machen, und Sie erkennen, daß wahre Freude nicht darin besteht, diesen Gefühlen nachzugeben, sondern mit ihnen fertig zu werden.

7. Singen Sie jeden Tag mindestens ein Lied. Auch wenn das nicht gerade zur Freude Ihrer Familie oder Freunde bei-

trägt, ist es doch für Sie ein wunderbares Stärkungsmittel. Vor allem geistliche Lieder werden Ihr Herz beglücken. Wenn Sie noch keine kennen, dann lernen Sie doch einige dieser wunderschönen alten Loblieder, und singen Sie täglich eines. Eine herrliche Idee ist z. B., bei der morgendlichen Toilette ein Lied zu singen; während Sie Ihren Körper mit Wasser und Seife waschen, bewirkt Ihr Gesang eine innere Reinigung.

8. Es gibt zwei Dinge, die Sie jeden Abend für Ihren Seelenfrieden tun sollten. Bitten Sie den Herrn um Vergebung für alle falschen oder böswilligen Taten, und danken Sie ihm für seine Güte. Sie werden spüren, wie sich eine stille Freude in Ihrem Inneren ausbreitet, Sie schlafen friedlich ein, wie ein Baby, und das Glück wird Ihre zweite Natur.

## So gewinnen Sie persönliche Ausstrahlung

Dieses Kapitel wird vor allem das Interesse von Damen wekken. Wenn Frauen zu einer Verabredung, einer Party oder einfach nur Einkaufen gehen, machen sie sich meist mit Puder und viel Aufwand zurecht, um ihre Ausstrahlung zu steigern.

Sowohl Männer als auch Frauen kommen leichter voran, wenn sie versuchen, mehr aus sich zu machen. Ein ›Make up‹ für die Persönlichkeit ist genauso wichtig wie eine gute Frisur. ›Persönlichkeitskosmetik‹ hilft gegen eine düstere, farblose Miene und steigert Charme und Ausdruckskraft. Mancher Mann wird feststellen, daß er mit Gymnastik nicht halb soviel von dem erreicht, was ein paar simple Übungen für eine bessere Geisteshaltung vermögen.

Hier finden Sie einige Anregungen, wie man die persönliche Ausstrahlung steigern kann:

1. Denken Sie an Dinge, die Sie glücklich machen. Das innere Glück wird sich auf Ihrem Antlitz widerspiegeln.

2. Konzentrieren Sie sich ein oder zwei Minuten lang darauf, alle Dinge zu vergessen, die Ihren Zorn erregen und Sie auf die Palme bringen. Rufen Sie sich zuerst jede einzelne Ursache ins Bewußtsein, und sagen Sie dann laut: »Vergiß es.«

3. Konzentrieren Sie sich eine Minute lang darauf, Ihrem Gesicht einen friedlichen Ausdruck zu verleihen – es ist hilfreich, sich dabei vor einen Spiegel zu stellen.

4. Nehmen Sie eine aufrechte Körperhaltung ein, nach dem Motto: Kopf hoch, Bauch rein, Brust raus; denken Sie dabei an positive Dinge, und vertreiben Sie alle negativen Gedanken.

5. Versuchen Sie, fünf Minuten lang nur an Liebenswürdigkeiten zu denken. Erinnern Sie sich an alle Freundlichkeiten, die Sie selbst in der letzten Zeit erlebt oder beobachtet haben.

6. Sprechen Sie langsam folgende Worte: »Herr, gib mir Deine Herrlichkeit«, und stellen Sie sich vor, wie sich Gottes Ausstrahlung auf Sie überträgt.

7. Überlegen Sie sich, zu wem Sie heute besonders nett sein wollen; am besten Menschen, zu denen Sie gestern grob waren. Das können z. B. Ihre Angehörigen sein, Ihr Ehemann, Ihre Ehefrau, Ihre Kinder – oder auch der Busfahrer.

8. Wenn Sie heute ausgehen, denken Sie daran, daß Sie ein Licht ausstrahlen; dieses Licht kommt aus Ihrem Inneren.

Ihre Mitmenschen werden es bemerken und sagen: »Was für ein anziehender Mensch!« Entwickeln Sie aber bitte keinen falschen Stolz, denn das Licht kann schnell erlöschen. Bleiben Sie natürlich, und Sie werden in unfehlbarem Glanz erstrahlen.

## Überwinden Sie Ihre Minderwertigkeitskomplexe

Wir können nicht genau sagen, wie viele Menschen sich die Frage stellen: »Wie kann ich meinen Minderwertigkeitskomplex loswerden?« Aber wahrscheinlich quält nichts auf der Welt die Menschheit so sehr wie das lähmende, jammervolle Gefühl der eigenen Unzulänglichkeit. Doch selbst wenn Sie seit Ihrer Kindheit darunter leiden, können Sie von diesem Übel geheilt werden. Sie haben es nicht nötig, sich vor irgend jemand oder irgend etwas zu verstecken. In den nächsten Minuten können Sie gleich damit beginnen, dem Gefühl der Minderwertigkeit ein Ende zu bereiten.

1. Stellen Sie sich vor, Sie wären ein erfolgreicher Mensch. Prägen Sie sich dieses Bild so lange ein, bis es ein unauslöschliches Element Ihrer Gedanken wird. Im Geist werden Sie versuchen, dieses Bild weiterzuentwickeln. Denken Sie nie mehr, Sie könnten versagen. Das ist viel zu gefährlich, weil man im Geist immer versucht, eine Vorstellung zu Ende zu denken. Stellen Sie sich also von jetzt an *immer* nur Ihren ›Erfolg‹ vor.

2. Versuchen Sie alles Negative, was Ihnen zu Ihrer Person einfällt, sofort mit einem positiven Gedanken auszugleichen.

3. Legen Sie sich in Gedanken nicht selbst Steine in den Weg, sondern versuchen Sie, jedes Hindernis zu entfernen.

Um Schwierigkeiten aus dem Weg zu räumen, muß man ihnen zwar auf den Grund gehen, doch man sollte dabei realistisch bleiben und sie nicht vor lauter Angst noch mehr aufblasen.

4. Lassen Sie sich nicht zu sehr durch andere beeindrukken, und versuchen Sie nicht andere zu imitieren. Niemand kann Ihre Rolle so überzeugend darstellen wie Sie selbst. Und vergessen Sie nicht, die meisten Menschen teilen Ihre Ängste, trotz ihrer selbstsicheren Erscheinung.

5. Wiederholen Sie diese Worte täglich zehnmal: »Wenn Gott für mich ist, wer kann dann gegen mich sein.« (Tun Sie es *jetzt* langsam und überzeugt.)

6. Werden Sie sich selbst ein guter Berater, und versuchen Sie zu verstehen, warum Sie bestimmte Dinge tun. Finden Sie den Ursprung Ihrer Minderwertigkeitsgefühle, oft beginnen sie schon in der Kindheit. Meist bringt Selbsterkenntnis die Heilung.

7. Bekräftigen Sie Ihr Tun, indem Sie folgende Worte zehnmal täglich, am besten laut wiederholen: »Ich kann alle Dinge durch Christus vollbringen, der mir die Stärke dafür gibt.« Wiederholen Sie den Satz *jetzt*. Es ist die wirksamste Methode, die es gegen die Angst vor Minderwertigkeit gibt.

8. Versuchen Sie Ihre Fähigkeiten realistisch einzuschätzen, und erhöhen Sie diesen Wert um 10%. Sie sollen dabei nicht überheblich werden, sondern einen gewissen Selbstrespekt entwickeln. Tun Sie es *jetzt*.

9. Legen Sie Ihr Leben ganz in Gottes Hände, und seien Sie davon überzeugt, daß er Ihnen *jetzt* alle Kraft gibt, die Sie brauchen.

10. Denken Sie daran, Gott ist bei Ihnen, und nichts kann Sie erschüttern. Er sprach: »Ihr werdet Kraft erhalten, nachdem ihr den Heiligen Geist empfangen habt.« Geben Sie sich dem Heiligen Geist hin und sagen Sie: »Ich möchte, daß der Heilige Geist in mein Herz tritt – ich empfange ihn jetzt.« Glauben Sie fest daran, daß Gott sein Versprechen hält und Sie jetzt die Kraft *erhalten*, die er verspricht und gibt.

## Kranke Menschen brauchen Hilfe

Welche geistige Hilfe können Sie leisten, wenn ein geliebter Mensch krank wird und Sie davon stark betroffen sind?

1. Befolgen Sie den Rat eines berühmten Medizinprofessors, »wenn Sie bei Krankheit den Doktor rufen, schicken Sie am besten auch gleich nach dem Pfarrer«, d. h. mit anderen Worten, daß geistige Kräfte für eine Heilung genauso wichtig sind wie die Kunst der Medizin.

2. Beten Sie für den Doktor. Stellen Sie sich vor, Gott setzt zur Unterstützung seiner heilenden Kraft geschulte menschliche Mittel ein. Ein Arzt hat dies einmal folgendermaßen ausgedrückt: »Wir behandeln den Patienten, und Gott heilt ihn.« Beten Sie, daß es dem Arzt gelingt, Gottes heilender Gnade einen Weg zu bahnen.

3. Was Sie auch tun, hüten Sie sich, in Panik oder Angst zu geraten. Sie würden negative und zerstörerische Gedanken auf den Kranken übertragen, anstatt ihm mit positiver und heilsamer Kraft beizustehen.

4. Denken Sie daran, daß Gottes Gesetze nichts unmöglich machen. Und vergessen Sie nicht, daß unsere unbedeutenden, materialistischen Gesetze nur bruchstückhafte Of-

fenbarungen jener großen Macht sind, die im Universum regiert. Sie bestimmt auch über Krankheit. Gott verordnet zwei Heilmittel: das eine wirkt durch die Gesetze der Natur und findet seine Anwendung in der Wissenschaft, das andere bringt Heilung durch das Gesetz des Geistes und findet seine Anwendung im Glauben.

5. Legen Sie das Schicksal des Patienten ganz in Gottes Hände. Mit Hilfe Ihres Glaubens können Sie ihn der göttlichen Macht unterwerfen. Der Kranke wird Heilung erfahren, wenn er sich vollkommen dem Willen Gottes fügt. Es ist sicher nicht leicht, das zu verstehen und durchzuführen, doch es steht fest, daß Ihr starker Wunsch, der Kranke möge am Leben bleiben, in Verbindung mit Ihrer Bereitschaft, sich ganz auf Gott zu verlassen, auf erstaunliche Weise heilende Kräfte in Bewegung setzt.

6. Es ist sehr wichtig, daß innerhalb der Familie geistige Harmonie herrscht. Erinnern Sie sich an einen Vers aus dem Buch des Matthäus, Kapitel 18, Vers 19: »Weiter sage ich euch: wenn zwei von euch auf Erden eins werden, um irgend etwas zu erbitten, so wird es ihnen von meinem himmlischen Vater zuteil werden.« Disharmonie und Krankheit sind scheinbar eng miteinander verbunden.

7. Stellen Sie sich vor, dem Kranken ginge es gut. Malen Sie sich aus, er wäre vollkommen gesund und würde durch Gottes Liebe und Güte in hellem Glanz erstrahlen. Auch wenn Sie sich mit dem bewußten Teil Ihres Denkens mit der Krankheit und vielleicht sogar dem Tod befassen, so werden doch neun Zehntel Ihres Denkens vom Unterbewußtsein beeinflußt. Lassen Sie also gesunde Gedanken ins Unterbewußtsein strömen, es wird die heilsame Energie weiterleiten. Meist wird das erreicht, woran wir im Unterbewußtsein glauben. Also wird Ihnen nichts Gutes widerfahren, wenn

Sie nicht daran glauben, denn das Unterbewußtsein bringt nur zurück, wovon man wirklich überzeugt ist. Negative Gedanken bringen negative Resultate, positive Gedanken bringen positive und heilsame Resultate.

8. Übertreiben Sie nicht. Bitten Sie Gott um Heilung, denn es ist Ihr sehnlichster Wunsch, daß der geliebte Mensch gesund wird. Aber sagen Sie nur einmal *bitte*, sprechen Sie anschließend ein Gebet zum Dank für seine Güte. So versichern Sie sich seiner Gegenwart und liebevollen Fürsorge. In dieser tiefen Freude finden Sie wahren Trost für Ihren Schmerz und Sie wissen ja, auch freudige Ausstrahlung besitzt heilende Kräfte.

## Werden Sie ein positiver Mensch

Der Mensch erreicht das, was er erwartet. Das heißt, man muß nur daran glauben, etwas zu können, und man kann es. Mit negativen Gedanken erzeugt man eine negative Atmosphäre und provoziert negative Reaktionen. Mit positiven Gedanken dagegen gewinnen Sie eine positive Ausstrahlung und erzielen positive Resultate.

Nehmen wir einen der erfolgreichsten Männer in Amerika, der mit beinahe weniger als nichts angefangen hat. Sein Lebenslauf verrät, daß er die Eigenschaft besaß, auch nicht im geringsten an Mißerfolge zu denken.

Wie wandelt man negatives in positives Denken um?

1. Nehmen Sie sich vor, während der nächsten vierundzwanzig Stunden über Ihre Arbeit, die Schulnoten Ihrer Kinder, Ihre Gesundheit und Ihre Zukunft nur bewußt hoffnungsvoll zu sprechen. Bemühen Sie sich vor allem, auch gegenüber Themen wie ›Weltfriede‹ und ›allgemeine Wirtschaftslage‹ Hoffnung zu zeigen. Es kostet Sie sicher einige

Überwindung, wenn Sie die Dinge bisher eher pessimistisch betrachtet haben, und Sie müssen Ihren ganzen Willen einsetzen, um nicht wieder in die alte Gewohnheit zu verfallen.

2. Versuchen Sie nach Ablauf dieser vierundzwanzig Stunden noch eine Woche lang, Ihren Optimismus zu beweisen. Dann dürfen Sie wieder einen oder zwei Tage lang ›realistisch‹ sein. Sie werden feststellen, daß Ihr ›Realismus‹ früher im Grunde nichts anderes als Pessimismus war. Wenn Sie heute ›realistisch‹ sagen, meinen Sie etwas ganz anderes damit, nämlich eine Vorstufe zum Optimismus. Die meisten Menschen meinen, sie seien ›realistisch‹, dabei sind sie nichts anderes als negativ.

3. Nicht nur der Körper braucht Nahrung, auch der Geist muß ›gefüttert‹ werden. Um gesund zu bleiben, benötigt er gute, nahrhafte, gesunde Gedanken. Deshalb sollten Sie noch heute lernen, positiv zu denken. Lesen Sie das Neue Testament von Anfang an, und unterstreichen Sie jeden Satz, der mit *Glaube* zu tun hat – markieren Sie alle entsprechenden Textstellen in den vier Büchern des Matthäus, Markus, Lukas und Johannes. Erinnern Sie sich an unsere dritte Lektion? Sie wurden darin aufgefordert, Verse auswendigzulernen, die Ihnen gefallen haben; diesmal sollen Sie sich mit dem Glauben auseinandersetzen. Bevor Sie beginnen, schlagen Sie bitte Kapitel 11 bei Markus auf, und lernen Sie die Verse 22, 23 und 24 auswendig – als Beispiel für die zu unterstreichenden Verse.

4. Lernen Sie nun die markierten Textstellen auswendig. Versuchen Sie sich jeden Tag einen Vers einzuprägen. Das wird zwar viel Zeit in Anspruch nehmen, aber denken Sie daran, wie lange es gedauert hat, bis Sie ein Negativdenker geworden sind. Nehmen Sie sich die Zeit, um Ihre negativen Gedanken wieder zu vergessen.

5. Machen Sie eine Liste von Ihren Freunden, und überlegen Sie sich, wer von ihnen positiv denkt; bemühen Sie sich, den Kontakt mit solchen Menschen zu pflegen. Sie müssen die Freunde mit einer negativen Einstellung nicht verachten, aber umgeben Sie sich eine Zeitlang nur mit positiven Menschen. Versuchen Sie, den positiven Geist dieser Menschen in sich aufzunehmen. Wenden Sie sich dann wieder den eher negativ denkenden Freunden zu, und lassen Sie sie an den neuen Gedanken teilhaben.

6. Widerlegen Sie negative Äußerungen durch eine positive und optimistische Meinung, aber vermeiden Sie jeden Streit.

7. Beten Sie regelmäßig. Danken Sie Gott im voraus für die wichtigen und wundervollen Dinge, die Sie empfangen werden, wenn Sie nur daran glauben. Er kann Ihnen nicht mehr Gnade erweisen, als Sie von ihm erwarten. Gott will Ihnen so viel geben, aber er kann nur soviel geben, wie Sie bereit sind zu nehmen. Denken Sie also an diesen Vers: »Wenn du glaubst wie ein Senfsamen, ... soll dir nichts unmöglich sein.«

## Enttäuschung muß nicht sein

Ein bekannter Neurologe und Spezialist für Nervenkrankheiten sagt: »Frustration, Enttäuschung und das Gefühl, nutzlos zu sein, sind eine so große Belastung, daß viele Menschen darunter zusammenbrechen.« Er fügt hinzu: »Wenn die Menschen lernen, richtig mit ihren Enttäuschungen umzugehen, werden sie ein gesünderes, glücklicheres und bewußteres Leben führen.«

Lernen Sie also in dieser Lektion, mit Ihren Enttäuschungen richtig umzugehen:

1. Enttäuschung ist immer eine Botschaft von Gott. Auf seine Weise versucht er, uns etwas mitzuteilen. Vielleicht sagt er: »Nein – das ist nicht gut für dich; nein – das ist nicht der richtige Weg.« Sie sind enttäuscht, wenn eine Sache nicht recht gelingt. Sie dürfen aber nicht vergessen, daß nur Gott vollkommen ist. Wenn Sie Ihre Probleme falsch angehen, dann läuft alles schief, auch wenn Sie in guter Absicht handeln. Deshalb ist es klug, Enttäuschung als eine Botschaft Gottes zu betrachten, stellen Sie sich vor, wie er den Kopf schüttelt und sagt: »Nein – das war nicht richtig.«

2. Enttäuschte Gefühle können unterschiedliche Ursachen haben: unerfüllte Hoffnung, gebremster Ehrgeiz, der Tod eines geliebten Menschen oder Mißerfolg trotz gewissenhafter Arbeit. Auch wenn Sie zunächst tief enttäuscht sind, betrachten Sie es als Botschaft Gottes und als Teil seines Planes. Nicht durch Bitterkeit finden Sie Frieden und Trost, sondern indem Sie seinen Wunsch anerkennen.

3. Übernehmen Sie die Gewohnheit einer erfolgreichen Geschäftsfrau: Sie vertraut sich Gott jeden Tag aufs neue an. Sie legt jeden Tag in Gottes Hände, bevor sie ihn angehen läßt. In ihrem Leben gibt es keine Enttäuschung mehr, denn was auch passiert, geschieht nach Gottes Plan und Wille, und Niederlagen werden von ihm bestimmt. Sie behauptet, erst dieser Plan ermögliche, daß sich im täglichen Leben die wundervollsten Dinge ereignen. In Psalm 37, Vers 5 steht: »Befiehl dem Herrn deine Wege und vertraue ihm: er wird es machen.«

4. Haben Sie schon einmal eine Enttäuschung erlebt, obwohl Sie sich alle Mühe gegeben haben, und es gab keine Möglichkeit, die Situation zu verbessern? Lernen Sie, solche Erfahrungen hinter sich zu lassen. Schleppen Sie nicht Ihr

ganzes Leben lang das Gewicht einer schweren Enttäuschung mit sich herum. Sagen Sie sich: »Gut, ich habe getan, was ich konnte, und bin trotzdem enttäuscht worden – es muß Gottes Wunsch gewesen sein; deshalb werde ich mich mit der Situation abfinden.« Im Buch der Philipper, Kapitel 3, Vers 13 finden Sie eine wichtige Hilfe zur Überwindung einer Enttäuschung: »Ich vergesse, was hinter mir liegt, und strecke mich nach dem aus, was vor mir liegt, und jage dem vorgesteckten Ziele zu, nach dem Kampfespreis der himmlischen Berufung Gottes in Jesus Christus.« Sagen Sie sich: »Ich laß die Enttäuschung fallen; ich gehe weiter und laß sie hinter mir.«

5. Wenn aber die Möglichkeit besteht, noch etwas zu tun, dann sollten Sie Ihrer Enttäuschung nicht nachgeben. Beten Sie für ein Gelingen, arbeiten Sie für ein Gelingen, und glauben Sie an ein Gelingen. Thomas A. Edison wollte eine alkalische Nickel-Eisen-Batterie herstellen. Er führte 50000 Versuche durch und 50000mal scheiterten die Versuche. Als ihn jemand fragte: »Sind Sie nicht enttäuscht, nach all den Mißerfolgen?«, antwortete er: »Nein, überhaupt nicht, denn ich habe 50000mal erfahren, wie es nicht funktioniert, und bin so dem letzten, erfolgreichen Versuch 50000mal nähergekommen.« Natürlich fand dieser erfolgreiche Versuch statt, und er stellte seine Batterie her. Edison war ein Genie auf seinem Gebiet, doch ein Großteil seiner Genialität bestand darin, daß er sich niemals einer Enttäuschung beugte und aufgab.

6. Edison sah in seinen Mißerfolgen eine Chance, den richtigen Weg zu finden, indem er erkannte, daß er auf dem falschen Weg war. Seien Sie aufgeschlossen für Gottes Pläne. Wenn Sie eine Enttäuschung nach der anderen erleben, fragen Sie sich, ob Sie nicht vielleicht gewaltsam versuchen, Türen zu öffnen, die Gott nicht für Sie bestimmt hat. Tun

Sie Ihre Pflicht und beten Sie. Die Niederlagen werden Sie wie Edison zur richtigen Tür führen.

7. Welche Bedeutung hat eigentlich das Wort Mißerfolg? Die Vorsilbe ›miß‹ drückt etwas Negatives aus. Zusammen mit dem Wort ›Erfolg‹ bedeutet es soviel wie negativer Erfolg. Das zeigt doch, daß ein Erfolg in Aussicht war; da Sie ihn aber nicht erreicht haben, wurde daraus ein Mißerfolg. Die Lösung finden Sie in diesem Gebet, sprechen Sie es ruhig und demütig: »Herr, korrigiere meine Fehler, die mich dazu geführt haben, Deine Bestimmung zu verfehlen, und führe mich zum Erfolg.«

## So gewinnt man Freunde

In einem Buch zur Verbesserung der Persönlichkeit sollte das Wichtigste nicht fehlen, ich meine die Kunst, gute zwischenmenschliche Beziehungen aufzubauen, etwas das nur wenige Menschen beherrschen. Entweder verstehen sie nicht miteinander umzugehen, oder sie haben persönliche Schwierigkeiten. Sie sind empfindlich und unsicher, und man weiß nie genau, wie sie reagieren. Diese Menschen werden z. B. bei einer beruflichen Beförderung oft übergangen, oder sie finden selten Zuneigung und Anerkennung, weil sie nicht das Vertrauen ihrer Mitmenschen genießen.

Wie wird man beliebt?

1. Lernen Sie Ihre Nächsten zu lieben. Das kann sehr mühsam sein und erfordert regelmäßige Übung, denn manche Menschen sind nicht besonders liebenswert, zumindest scheint es so – mit Betonung auf ›scheint‹. Wenn Sie sich aber die Mühe machen, Ihre Mitmenschen wirklich kennenzulernen, können Sie bei jedem liebenswerte Qualitäten entdecken.

2. Versuchen Sie, die kritische Haltung gegenüber Ihren Mitmenschen zu ändern. Suchen Sie Eigenschaften, die Sie bewundern. Wenn Sie einmal damit anfangen, Leute zu kritisieren, finden Sie bald alles negativ, egal was sie tun. Ändern Sie diese Einstellung, und versuchen Sie, wenigstens eine Kleinigkeit zu finden, die Ihnen gefällt.

3. Nehmen Sie ein Blatt Papier, und schreiben Sie alles auf, was Sie an den Leuten, die Ihnen unsympathisch sind, schätzen könnten. Ergänzen Sie diese Liste jeden Tag.

4. Vertrauen Sie auf Ihre Mitmenschen, und zeigen Sie es ihnen. Es wird immer den einen oder andern geben, der Ihre Zuneigung nicht erwidert. In den meisten Fällen aber wird das entgegengebrachte Vertrauen bei anderen ein entsprechendes Gefühl wecken. Es liegt in der Natur des Menschen, daß er sich nach dem richtet, was man von ihm denkt. Bilden Sie sich also eine gute Meinung über Ihre Nächsten, und lernen Sie, sie zu lieben. Und denken Sie daran, daß das Ego Ihres Gegenübers durch die von Ihnen entgegengebrachte Achtung erhöht wird.

5. Helfen Sie Ihren Mitmenschen. Vollbringen Sie jeden Tag möglichst viele gute Taten. Erwarten Sie sich aber keine Gegenleistung. Seien Sie einfach hilfsbereit, weil es gut und christlich ist. Sie können sicher sein, daß Sie damit Freunde gewinnen und lernen, mit anderen auszukommen.

6. Machen Sie eine Liste von den Leuten, die Sie nicht ausstehen können oder die Sie gekränkt haben. Sprechen Sie dann für jeden auf der Liste ein Gebet. Nennen Sie dabei seinen Namen, und verzeihen Sie ihm. Stellen Sie sich vor, daß die Gebete bis zu Ihren Feinden dringen und sie mit Liebe umhüllen. Ich bin davon überzeugt, daß die Kraft von Gebeten auf andere Menschen einwirken kann, denn ich

habe damit schon die erstaunlichsten Dinge erlebt. Man muß nur Geduld haben – ein Eisblock braucht auch viel Sonne, bis er schmilzt – aber er wird schmelzen.

7. Achten Sie auf bestimmte Gelegenheiten, z. B. Geburtstag, die Geburt eines Kindes oder eine gute Leistung, und gratulieren Sie. Wenn jemand traurig oder enttäuscht ist, schreiben Sie ihm. Mit anderen Worten, nutzen Sie jede Möglichkeit, um Ihren Mitmenschen eine Freude zu machen. Sagen Sie aber nur das, was Sie ehrlich meinen, und stellen Sie keine Erwartungen.

8. Beten Sie täglich, daß Sie Ihre Befangenheit verlieren und im Umgang mit anderen ganz Sie selbst sind: glücklich, natürlich und entspannt. Erst wenn Sie von allen Hemmungen befreit sind, werden Sie auf Zuneigung stoßen. Mit Gottes Hilfe werden Sie auf natürliche Weise anziehend und liebenswert sein.

## Machen Sie eine spirituelle Erfahrung

Dieses Buch ist zwar der Verbesserung Ihrer Persönlichkeit gewidmet, doch kein Mensch kann seine Anlagen ändern – sowenig wie ein Leopard seine Flecken. Die wahre Kunst der Selbstverbesserung liegt darin, ein besserer Christ zu werden. In diesem Buch lernen wir anhand einiger Übungen, sich von Jesus Christus führen zu lassen. Die Änderung in Ihrem Leben bewirkt ausschließlich er. Eine spirituelle Erfahrung ist der größte Schritt auf dem Weg zur Selbstverbesserung. Man erlebt dabei eine Empfindung, die dem Gefühl des Verliebtseins gleicht, aber viel stärker und intensiver ist. Dieses Erlebnis wird auch ›geistige Läuterung‹ genannt. Tief in Ihrem Inneren geschieht etwas, das Sie mit Licht, Wärme und Schönheit erfüllt. Das kann ein rasches und dramatisches Ereignis sein oder eine allmähliche Erfahrung, die sich wie eine Rose, von der Knospe bis zur vollen Blüte, entfaltet. Aber immer haben Sie dieses Gefühl: »Waren unsere Herzen nicht sonderbar erwärmt?« Es handelt sich um die wichtigste Erfahrung, die ein Mensch überhaupt machen kann. Tolstoi schrieb in einem unsterblichen Satz: »Gott zu kennen ist leben.« Diesem letzten Schritt auf dem Weg zur Vervollkommnung der Persönlichkeit folgt ein verwandeltes und verändertes Leben. Was können Sie außer den genannten Übungen noch tun, um die bedeutendste menschliche Erfahrung zu machen?

1. Wenn Sie die einzelnen Lektionen dieses Buches aufmerksam befolgt haben, hat Ihre spirituelle Erfahrung bereits begonnen. Sie haben sich bei diesen geistigen Übungen ausführlich mit einer Verbesserung Ihrer Persönlichkeit sowie einer Wandlung Ihres Denkens beschäftigt.

2. Sollte es in Ihrem Leben noch Dinge geben, von denen Sie wissen, daß sie falsch sind, dann geben Sie sie *jetzt* auf. Wenn Sie sich vollkommene geistige Kraft wünschen, dürfen Sie keine Kompromisse eingehen. Das ist unvermeidbar, und Sie wissen es. Deshalb erinnern wir Sie, daß Sie an einem Punkt angelangt sind, wo Sie sich von diesen Dingen endgültig trennen müssen.

3. Verbannen Sie Gefühle wie Haß, Groll, Eifersucht und Neid für immer aus Ihrem Herzen. Verzeihen Sie allen Menschen, auf die Sie böse sind.

4. Entschädigen Sie jeden, dem Sie einmal unrecht getan haben – soweit das in Ihrer Macht steht. Ist eine Wiedergutmachung nicht möglich, bitten Sie Gott, es auf seine Art in Ordnung zu bringen. Bitten Sie um Vergebung, und vergessen Sie die Angelegenheit, denn sie ist nun erledigt.

5. Erkennen Sie, daß letztendlich nicht Sie selbst die Wandlung bewirken. Christus allein macht einen neuen Menschen aus Ihnen. Denn so steht es in der Bibel: »Wer Christus in sich trägt, wird ein neues Wesen, alte Dinge sind vergangen und alles wird neu.« Dadurch, daß Sie die Übungen gewissenhaft durchführen, können Sie zwar erheblich zur Verbesserung Ihres Selbst beitragen, letztendlich aber ist es die Gabe zu demütigem Glauben an Gott, die einen besseren Menschen aus Ihnen macht.

6. Das neue Leben fällt Ihnen zuerst sicher schwer. Tief verwurzelte Verhaltensmuster und die Gewohnheit der negativen Gedanken, die wir in diesem Buch besprochen haben, wollen ihre Kontrolle über Sie zurückgewinnen. Die alten Fehler unseres Denkens und Handelns versuchen, sich aufs neue zu behaupten – beharrlich wie eine hängengebliebene Schallplatte. Wenn Sie aber einfach mit diesem neuen Leben beginnen, an den Erfolg glauben und daran festhalten, werden Sie erfolgreich sein. Der Widerstand der alten Gewohnheiten wird sich der neuen Lebensweise schneller beugen, als Sie denken. Beginnen Sie also noch heute mit dem neuen Leben, und vertrauen Sie darauf, daß Sie mit Gottes Hilfe jeden Tag stärker und glücklicher werden. Beginnen Sie *jetzt*, und Ihr Leben wird von innerem Frieden und Kraft erfüllt sein. Verlassen Sie sich darauf, Gott erhört Ihre Gebete. Von jetzt an sind Sie ein ›neuer Mensch‹ mit einer veränderten Persönlichkeit.

7. Wiederholen Sie die Lektionen aus diesem Buch regelmäßig, damit Sie in diesem neuen Leben wachsen können. Werden Sie ein aktives Mitglied in Ihrer Kirchengemeinde, und geben Sie die Botschaft des neuen Lebens an andere Menschen weiter. Nur wenn es sich ausbreitet – wie eine Art Kettenreaktion – kann es die Menschheit vor ihren Fehlern bewahren.

# Teil 3

# Was macht Ihnen Sorgen?

Diesen Teil des Buches haben wir geschrieben, um allen Menschen zu helfen, die Probleme haben. Er umfaßt vierzehn Lektionen, in denen wir uns mit schwierigen Situationen des täglichen Lebens auseinandersetzen wollen. Alle vorgeschlagenen Methoden haben sich bestens bewährt. Sie sind das Ergebnis jahrelanger Erfahrung im Umgang mit den persönlichen Problemen von mehreren hundert Menschen, die sich an die religiös-psychologische Beratungsklinik der Marble Collegiate Church in New York City gewandt haben. Viele dieser Menschen wurden von ihren Sorgen befreit, indem sie die empfohlenen Methoden anwandten. Daher sind wir überzeugt, daß diese Lektionen auch Ihnen helfen können.

Wir empfehlen, auch diesen dritten Teil zunächst von Anfang bis Ende durchzulesen, bevor Sie sich ausführlich mit den einzelnen Kapiteln beschäftigen. So haben Sie einen Gesamtüberblick und eine klare Vorstellung über Absicht, Umfang sowie Methodik der einzelnen Lektionen.

Als nächsten Schritt sollten Sie das Ganze ein zweites Mal durchlesen und dann bei derjenigen Lektion beginnen, in der Sie glauben, Ihr größtes Problem wiederzufinden. Ob Sie in kurzer Zeit gute Resultate erzielen oder nicht, hängt von Ihrer Mitarbeit und Ausdauer ab. Es ist ratsam, sich mehrere Tage auf eine Sache zu konzentrieren, bevor Sie sich der nächsten widmen. Dasselbe gilt für die jeweiligen Kapitel, die Ihrer persönlichen Notlage entsprechen. Die Themen eignen sich auch gut für Diskussionen innerhalb der Gruppe. Die beschriebenen Schwierigkeiten tauchen in jeder Gruppe auf. Sie finden genug Gesprächsstoff für vierzehn wöchentliche Sitzungen.

Möglicherweise erfordert das eine oder andere eine nähere Betrachtung, bis man den jeweiligen Sinn und Nutzen in vollem Umfang erkennt. Deshalb ist auch die Besprechung in der Gruppe oder innerhalb der Familie sehr wichtig. Beurteilen Sie selbst, inwieweit Sie das Empfohlene auch tatsächlich anwenden, nachdem Sie einige Tage an einer Lektion gearbeitet haben.

Ich versichere Ihnen, daß ich als Autor von der Wirksamkeit dieses Buches absolut überzeugt bin. Aufgrund der erstaunlichen Ergebnisse, die schon so viele Menschen mit Hilfe dieser Verhaltensregeln erzielt haben, weiß ich, daß auch Sie großen Nutzen daraus ziehen können. Natürlich bezieht sich auch dieser Teil wieder auf die Lehren Jesu Christi. Möge der Herr Ihnen helfen, in ein wundervolles und unbekanntes Leben einzutreten.

## Mein Leben ist voller Sorge

1. Indem Sie sagen, »mein Leben ist voller Sorge«, haben Sie den Kern Ihres Problems bereits erfaßt. Sie drücken damit aus, daß Sie sich bereits aus Gewohnheit Sorgen machen. In der Tat ist Sorge nichts weiter, als eine sehr negative geistige Gewohnheit. Doch man kann jede schlechte Gewohnheit ändern.

2. Sie können sich von den Sorgen befreien, indem Sie Ihr Augenmerk auf das Gegenteil richten – den Glauben. Lernen Sie, mit Ihrer ganzen Kraft und Ausdauer zu glauben.

3. Überzeugen Sie sich selbst von Ihrem Glauben. Sagen Sie sich jeden Morgen, bevor Sie aufstehen, als erstes dreimal laut vor: »Ich glaube, ich glaube, ich glaube.«

4. Sprechen Sie folgendes Gebet: »Ich lege diesen Tag, mein Leben, die Menschen, die ich liebe, und meine Arbeit in Gottes Hände. Bei ihm existiert kein Unrecht, nur Gutes. Was auch passiert, was auch kommt, wenn ich mich auf den Herrn verlasse, geschieht sein Wille, und das ist gut.«

5. Gewöhnen Sie sich an, positiv zu denken, wo Sie zuvor negativ gedacht haben. Sprechen Sie positiv über die Dinge. Sagen Sie nicht: »Das wird ein schrecklicher Tag«, sondern: »Das wird ein herrlicher Tag.« Sagen Sie nicht: »Ich kann das nicht«, sondern: »Mit Gottes Hilfe wird es mir gelingen.«

6. Beteiligen Sie sich nie an einem Streitgespräch. Führen Sie nur vertrauensvolle Gespräche. Eine Gruppe von Menschen, die negativ denkt, kann jeden in der Gruppe damit anstecken. Lernen Sie, die Dinge aufzuwerten statt abzuwerten. Nur so können Sie negative Stimmungen vertreiben und werden ein Überbringer von Glück und Hoffnung.

7. Ein Grund für Ihre Sorgen ist vor allem, daß die Gedanken von Befürchtungen, Enttäuschungen und Schwermut getränkt sind. Wirken Sie dem entgegen, markieren Sie jede Textstelle in der Bibel, die von Vertrauen, Hoffnung, Glück, Ruhm und Glanz spricht und lernen Sie sie auswendig. Sprechen Sie sich diese produktiven Gedanken solange vor, bis sie ein Teil Ihres Unterbewußtseins sind. Sie wissen ja, das Unterbewußtsein gibt alles wieder, was man ihm einmal eingeprägt hat, in diesem Fall optimistische, nicht verdrießliche Gedanken.

8. Pflegen Sie Freundschaften mit hoffnungsvollen Menschen. Suchen Sie Freunde, die positiv denken und vertrauensvolle Ausstrahlung besitzen. Sie werden Ihren Glauben immer wieder neu anregen.

9. Helfen Sie anderen Menschen so gut wie möglich, sich ebenfalls von Sorgen frei zu machen. Indem Sie anderen helfen, Ängste zu überwinden, gewinnen Sie Macht über die eigene Furcht.

10. Erinnern Sie sich jeden Tag, daß Jesus Christus bei Ihnen ist. Er ist Ihr Partner. Würden Sie sich noch sorgen oder fürchten, wenn er sichtbar neben Ihnen stünde? Sagen Sie also: »Er ist bei mir.« Sagen Sie laut: »Ich bin immer bei dir«, und dann: »Er ist jetzt bei mir.« Wiederholen Sie das Ganze dreimal täglich.

## Meine Ehe ist in Gefahr

1. Eine Krise in der Ehe kann nur überwunden werden, wenn man erkennt, daß die alte Kameradschaft beeinträchtigt ist. Verschließen Sie vor dieser Tatsache nicht die Augen. Beschließen Sie, mit Gottes Hilfe etwas zu unternehmen. Eine Ehe, die jahrelang glücklich war, kann durch wohlüberlegte, kluge Maßnahmen gerettet werden.

2. Wenn beide Parteien zu einer Zusammenarbeit bereit sind, überlegen Sie gemeinsam, wann und warum das Auseinanderleben begonnen hat. Mit anderen Worten, verfolgen Sie den gemeinsamen Weg zurück bis zu dem Punkt, an dem er sich teilt. Es ist sehr wichtig, Ursachen für die fortschreitende Trennung aufzudecken. Viele dieser Gründe verlieren nach reiflicher Überlegung ihre Bedeutung. Andere dagegen schaffen echte Probleme und können nur durch intensive Gespräche und Gebete erfolgreich aus dem Weg geräumt werden.

3. Beide Partner sollten eigene Fehler erkennen und eingestehen. Drängen Sie jedoch den anderen nicht zur Preisgabe

seiner Unzulänglichkeit. Versuchen Sie immer, mehr Schuld auf sich selbst zu nehmen als der andere. Er steht Ihnen darin sicher nicht gerne nach und wird seinen Teil Verantwortung übernehmen. Darauf folgt gegenseitiges Verzeihen.

4. Wenn ein anderer Mann oder eine andere Frau im Spiel ist, werden Sie nicht hysterisch, und bitten Sie Gott, er möge eine geistige Taktik ersinnen, mit der Sie Ihren Partner zurückgewinnen können. Denken Sie daran, daß Sie im Vorteil sind, denn Ihre gegenseitige Liebe hat viele Jahre überdauert, Sie sind durch gemeinsame Arbeit oder Kinder eng miteinander verbunden. Die Beziehung zwischen Ihnen ist legal und ehrbar, die andere aber ist geheim und unsolide. Zwischen Ihrem Partner und Ihnen gab es einmal eine starke Anziehung. Finden Sie heraus, warum Ihre Anziehungskraft nachgelassen hat. Versuchen Sie, den alten Reiz wieder herzustellen, es ist durchaus möglich. Vertrauen Sie dabei auf Gott, er hilft Ihnen. Der Versuch kann also gar nicht fehlschlagen.

5. Denken Sie nie, eine gute Ehe bis ans Lebensende sei selbstverständlich. Bemühen Sie sich deshalb stets, in Ihrer Ehe eine gewisse Romantik am Leben zu halten. Sollten Sie mit der Zeit unromantisch, nachlässig, schlampig oder unattraktiv geworden sein, ändern Sie das *jetzt*. Seien Sie aufmerksam und verständnisvoll Ihrem Partner gegenüber. Versuchen Sie eine gute Hausfrau oder Köchin zu sein. Achten Sie darauf, sich charmant und feminin zu geben. Den ersten sichtbaren Anzeichen fortschreitenden Alters und den ersten grauen Haaren Ihres Partners sollten Sie mit Verständnis und Zärtlichkeit gegenübertreten. Jeder Lebensabschnitt hat seine schönen Seiten. Vergessen Sie nie, daß Gott es so geplant hat. Wer sich seinem Plan fügt, wird mit unendlichem Glück belohnt.

6. Machen Sie eine Gegenüberstellung Ihrer beider Interessen. Wenn sich herausstellt, daß es nur wenig Gemeinsamkeiten gibt, erklärt das natürlich die Uneinigkeit. Dieser scheinbar harmlose Unterschied ist möglicherweise die Ursache dafür, daß Sie sich soweit voneinander entfernt haben, ohne jemals damit gerechnet zu haben. Überlegen Sie sich möglichst viele gemeinsame Vorlieben. Versuchen Sie beide, sich für die Interessen des anderen zu begeistern. Stecken Sie die eigenen Hobbys für eine Weile zurück, damit Sie sich nicht noch mehr auseinanderleben. Unternehmen Sie so viel wie möglich zusammen.

7. Die wichtigste Maßnahme zur Bewältigung einer Ehekrise ist das gemeinsame Gebet. Knien Sie nebeneinander und beten Sie. Im Gebet hat die Stimme einen völlig anderen Klang als bei einer Auseinandersetzung. So gehen Sie beide einen Schritt nach vorn, und der Streit verklingt, denn eine dritte Partei nimmt am Gespräch teil. Die Schönheiten des Lebens treten wieder in den Vordergrund. Die alte und reine Liebe kehrt zurück, und das Ehepaar überläßt sich Gottes Führung.

8. Gehen Sie gemeinsam zur Kirche. So erreichen beide eine höhere Stufe spiritueller Erfahrung, und Ihre Beziehung erhält einen Hauch Heiligkeit. Es ist erwiesen, daß Familien, die regelmäßig zur Kirche gehen, ein Leben lang zusammenbleiben. Laut Statistik gab es in fast allen gescheiterten Ehen weder Gebete, noch Bibellektüre oder Kirchgänge.

## Meine Gesundheit ist in Gefahr

1. Hat ein Arzt Ihnen geraten, ›langsamer zu treten‹? Dann nehmen Sie diese vernünftige, gnadenbringende Warnung ernst. Nur wer sie beachtet und seine Nerven schont,

wird länger leben und bessere Leistung erbringen. Lernen Sie, vernünftiger zu leben.

2. Betrachten Sie Ihre Situation als Gelegenheit, und machen Sie sich Gedanken über den Stellenwert der Zeit in Ihrem hastigen Leben. Warum hetzen Sie sich und leben so voller Spannung? Was hat es mit dieser fieberhaften Betriebsamkeit auf sich? Ich bin sicher, Sie werden erkennen, daß der Zeitpunkt gekommen ist, um ein ernsthaftes Gebet über Ihr Leben zu sprechen. Machen Sie sich mit Gottes Lebensart vertraut – sie schenkt Ihnen Frieden, Ruhe und mehr Kraft, als Sie jemals besaßen.

3. Ihr bedrohlicher Gesundheitszustand zeigt, daß Sie nicht in Harmonie und Übereinstimmung mit Gottes erneuernder Kraft leben. Sie haben die Verbindung zu seiner Energie abgebrochen, und jetzt droht Ihnen der Zusammenbruch. Erneuern Sie diese Verbindung zwischen Ihrem Leben und der göttlichen Energie durch Gebete und Selbstaufgabe. Durch die wiedergewonnene Kraft werden Sie in Gesundheit und Frische erblühen. Die Wirkung spüren Sie erst psychisch, dann geistig und schließlich körperlich. Der beständige Kontakt zu Gott bringt stete Erneuerung und ist daher ein wichtiger Faktor zur Verhütung von Herzattacken und ähnlichen Krankheiten.

4. Befürchten Sie nur nicht, eine ›lahme Ente‹ zu werden. Sie können Ihre Pflicht mit gemäßigtem Tempo ebenso gut erfüllen, wenn nicht sogar besser. Sie waren hektisch und nervös. »Immer sachte!« lautet die Devise, denn nur so geht es voran. Sie wollten die ganze Welt auf Ihren Schultern tragen. Laden Sie jetzt den schwersten Teil des Gewichts auf Gottes Schultern. Stellen Sie sich bildlich vor, wie Sie ihm die Last übertragen und wie er sie übernimmt. Es werden neue Kräfte frei, und Sie erhalten völlig neue Perspektiven

für Ihre Arbeit, denn jetzt beherrscht nicht mehr der Job Sie, sondern Sie den Job.

5. Nutzen Sie das heilsame Zusammenwirken der medizinischen Kenntnisse Ihres Arztes und der Kraft Gottes. Befolgen Sie den ärztlichen Rat, und wenden Sie sich gleichzeitig vertrauensvoll an den ›Mächtigen Medizinmann‹. Schreiben Sie jeden Vers aus dem Alten Testament ab, in dem von Frieden, Ruhe und Erneuerung gesprochen wird, zum Beispiel: »Und die ganze Menge suchte ihn zu berühren: denn er strahlte Tugend aus und heilte sie alle.« Lernen Sie die Texte auswendig, und verlassen Sie sich darauf, daß Jesus Christus auch heute noch so heilt, wie in biblischen Zeiten. Stellen Sie sich vor, daß er Sie jetzt heilt und Sie vollkommen gesund macht.

6. Machen Sie folgende Übung jeden Morgen, jeden Abend und dreimal zwischendurch: Stellen Sie sich vor, Jesus legt seine Hand mit heilender Kraft auf Ihren Kopf und auf jedes erkrankte Körperteil. Entspannen Sie sich, schließen Sie die Augen, und versuchen Sie, die Berührung zu spüren. Glauben Sie an die heilende Wirkung. Sprechen Sie folgende Worte möglichst laut: »Jesus Christus berührt mich. Seine heilende Gnade macht mich gesund. Ich überlasse mich seinen Händen und empfange seine Heilung.« Danken Sie Jesus anschließend für die Hilfe.

7. Oft wird innere Anspannung, die sich in Herzbeschwerden und hohem Blutdruck auswirkt, nicht durch Überarbeitung ausgelöst, sondern von einem Gefühl der Schuld verursacht. Verdrängte und unverziehene Sünden können tiefe Angst und Besorgnis hervorrufen. Der unterbewußte Wunsch nach Sühne veranlaßt die Menschen, sich durch harte Arbeit und übertriebene Anstrengung selbst zu bestrafen, um so das Schuldgefühl zu kompensieren. Oft erzeugt

Schuld Hektik. Sollten Sie sich schuldig fühlen, dann wenden Sie sich an einen weisen Beichtvater und bitten um Vergebung. Zur rechten Zeit wird sich das fieberhafte Tempo mäßigen.

8. Vielleicht soll die Krankheit Sie zu einer tieferen Begegnung mit Gott führen. Vielleicht waren Sie immer zu sehr beschäftigt, um Gott zu begegnen. Jetzt sorgt er dafür, daß Sie ruhig werden. Empfangen Sie den Frieden und die Freude. Nehmen Sie die Warnung ernst, und schonen Sie sich. Finden Sie das innere Glück, das Sie Ihr ganzes Leben lang gesucht haben.

## Mich ärgert so vieles

1. Wenn Sie sich über irgend etwas aufregen, versuchen Sie alles zu tun, um die ganze Angelegenheit zu ändern. Wenn das allerdings nicht möglich ist, sollten Sie die Sache so unparteiisch sehen wie Paulus: »Wenn du alles getan hast, erdulde es.«

2. Lernen Sie, unabänderliche Situationen, Dinge, Umstände oder Menschen zu akzeptieren. Versuchen Sie, zu ändern und zu verbessern. Doch wenn das nicht möglich ist, müssen Sie sich wohl oder übel anpassen.

3. Versuchen Sie jeder Situation, so ärgerlich sie auch sein mag, positive Gesichtspunkte abzugewinnen, und notieren Sie diese.

4. Denken Sie immer daran, daß es schlimmer sein könnte. Stellen Sie sich einen Augenblick lang vor, die Situation wäre tatsächlich schlimmer. Sagen Sie laut: »Es hätte schlimmer kommen können«, und versuchen Sie, in Anbe-

tracht dessen weniger verärgert und vielleicht sogar dankbar zu sein.

5. Es gibt eine Philosophie, die Dinge im Leben so zu nehmen, wie sie sind. Gewöhnen Sie sich diese Haltung an. Gott schuf die Welt, so wie sie ist. Lernen Sie zu akzeptieren, was nicht zu ändern ist, und beweisen Sie Ihren Gleichmut. Lernen Sie zu akzeptieren ohne Verwunderung und Ungeduld.

6. Wenn etwas mißlingt oder Ihren Erwartungen nicht entspricht, zeigen Sie Toleranz und Nächstenliebe gegenüber den Verantwortlichen. Gehen Sie stets davon aus, daß diese Menschen alles versucht haben, um ihr Bestes zu tun.

7. Bevor Sie sich wieder über etwas aufregen, atmen Sie dreimal tief durch. Entspannen Sie sich, und legen Sie sich hin (es ist schwierig, sich im Liegen über etwas aufzuregen). Wenn Hinlegen nicht möglich ist, dann entspannen Sie sich im Sitzen. Rezitieren Sie langsam und ruhig den Inhalt von Psalm 23. Konzentrieren Sie sich einen Moment auf das Bild der ›Ruhestatt am Bache‹.

8. »Gottes Friede und Verständnis durchströmt jetzt meinen Geist, meinen Körper, meine Seele.« Sagen Sie diesen Satz dreimal, und wiederholen Sie ihn bei Bedarf so lange, bis die innere Spannung nachläßt.

9. Versuchen Sie, bedächtig zu werden. Sie verhindern damit impulsive und heftige Reaktionen. Wenn Sie sich wieder aufregen, sollten Sie der Ursache Ihres Ärgers so gelassen und objektiv wie möglich gegenübertreten.

10. Sprechen Sie jeden Morgen, bevor Sie den Tag beginnen, folgenden Text: »Jesu Christi besänftigende, zurück-

haltende, heilsame Hand ruht auf mir. Er begleitet mich durch den Tag und hilft mir, alle Schwierigkeiten ruhig und beherrscht zu meistern. Er hält jeden Ärger von mir fern.«

## Ich bin einsam

1. Es gibt außer Ihnen noch viele andere Menschen, die sich einsam fühlen. Suchen Sie Menschen, die allein sind, und nehmen Sie Kontakt auf. Sie werden erstaunt sein, wie schnell sich diese Leute auf Ihre Anwesenheit verlassen. Das wird Ihnen die Einsamkeit erleichtern.

2. Überlegen Sie, warum Sie so wenig Freunde haben. Seien Sie ehrlich zu sich selbst. Fragen Sie sich, woran es fehlt, um beliebter zu sein. Möglicherweise sind Sie kein guter Gesprächspartner. Oder Sie tun sich schwer im Umgang mit anderen. Sind Sie zu kritisch? Oder liegt es daran, daß Sie ungepflegt und schlecht gekleidet sind? Haben Sie wenig geistige Interessen, oder gibt es andere Gründe? Statten Sie dem Pfarrer Ihrer Gemeinde einen Besuch ab, und holen Sie sich Rat. Er kann Ihr Problem objektiv beurteilen.

3. Werden Sie ein beliebter Gesprächspartner. Lesen Sie Bücher oder Zeitungen, und bilden Sie sich eine eigene Meinung über das Gelesene. Tun Sie aber nicht so, als ob Sie alles wüßten, und werden Sie nicht rechthaberisch. Lernen Sie, sich zu interessanten Themen geistreich zu äußern. Sorgen Sie für eine spritzige Unterhaltung, und hören Sie auf, sich zu verschließen.

4. Werden Sie ein unterhaltsamer Geschichtenerzähler. Schreiben Sie sich lustige Geschichten auf. Achten Sie darauf, daß Sie Ihre Geschichten zum passenden Zeitpunkt in eine Unterhaltung einbauen. Erzählen Sie mit Leib und

Seele. Überlassen Sie danach den anderen das Wort. Schenken Sie Ihnen echtes Interesse und Aufmerksamkeit. Mit anderen Worten, nehmen Sie an der Unterhaltung teil, aber drängen Sie sich nicht in den Mittelpunkt. Bemühen Sie sich stets, die allgemeine Aufmerksamkeit mehr auf die anderen als auf sich selbst zu lenken. Ihre Mitmenschen werden es zu schätzen wissen und Sie dafür lieben.

5. Machen Sie eine Liste von allen Menschen, die Sie gerne in Ihre täglichen Gebete einschließen. Übersenden Sie in Gedanken Ihre Anteilnahme. Es spielt dabei keine Rolle, ob Sie diesen Menschen jemals nahekommen oder nicht. Es sind Ihre Freunde, denn durch Ihr Gebet sind Sie bei ihnen. Es ist erstaunlich, wie sich Ihr Bekanntenkreis auf diese Weise vergrößert.

6. Ermutigen Sie kranke, besorgte oder enttäuschte Menschen, wann immer sich eine Gelegenheit bietet. Nehmen Sie beispielsweise telefonischen oder schriftlichen Kontakt auf, und offerieren Sie christliche Hilfe, oder gratulieren Sie zu einem Erfolg. Der Sinn solcher Aktionen besteht darin, die Egozentrik der anderen zu durchbrechen und dadurch den eigenen Egoismus und die damit verbundene Einsamkeit zu bekämpfen.

7. Sammeln Sie lustige, glückliche Gedanken, Erinnerungen, Ideen oder Erfahrungen, und legen Sie eine Art ›geistiges Depot‹ an. Wenn Sie sich einsam fühlen, können Sie alles noch einmal durchleben oder darüber nachdenken. Bald werden Sie die Gesellschaft anderer Menschen nicht mehr vermissen, denn Sie sind Ihr eigener Gesellschafter.

8. Teilen Sie Ihr Leben in Gedanken mit Christus. Wären Sie noch einsam, wenn Sie einen Tag mit ihm verbringen könnten? Es wäre der größte Tag Ihres irdischen Lebens.

Diesen Tag können Sie erleben, denn Christus ist immer bei Ihnen. Sprechen Sie laut mit ihm. Stellen Sie sich vor, er sitzt auf einem Stuhl in Ihrem Zimmer, oder er geht neben Ihnen. Unterhalten Sie sich einfach mit ihm, als wäre er ein Freund. Je öfter Sie sich seine Gegenwart vorstellen, desto wirklicher wird sie. Durch diese geistige Freundschaft tritt eine persönliche Veränderung ein, und Sie gewinnen positive Ausstrahlung. Mit Christus im Herzen werden Sie auf Ihre Mitmenschen eine unwiderstehliche Anziehung ausüben. Die Menschen werden spüren, daß Sie ihnen etwas Wichtiges mitzuteilen haben.

9. All das klingt sehr einfach, man vollbringt gute Taten in Christi Namen. Doch achten Sie darauf, daß Sie nicht gottesfürchtig werden. Bleiben Sie natürlich und aufgeschlossen, glücklich und selbstlos – so wie Jesus war und ist.

10. Ein altes Sprichwort sagt: »Sei freundlich, wenn du Freunde haben möchtest.« Um wirklich freundlich zu sein, müssen Sie die hohe Kunst der Liebenswürdigkeit erlernen. Lassen Sie sich vom Meister dieser Kunst unterrichten. Wer von ihm lernt, was wahre Freundschaft ist, wird mit Zuneigung und Treue seiner Mitmenschen belohnt und wird nie mehr einsam sein.

## Ich bin so nervös

1. Ihr Problem zeigt, daß Sie an einem toten Punkt angelangt sind. Sie sind gespannt und gedehnt wie ein Gummiband. Verstehen Sie mich richtig, die Anspannung erstreckt sich wahrscheinlich nicht auf Ihre Nerven oder Ihren Körper. Sie ist in Ihrem Kopf. Durch verkrampfte Gedanken verspannt sich mit der Zeit aber auch Ihr Körper, denn unsere Nerven gehorchen den Gedanken.

2. Versuchen Sie immer wieder, Ihre Gedanken auf friedvolle Dinge zu lenken. Nur so läßt die Spannung nach.

3. Befreien Sie Ihren Kopf täglich von Gedanken, die zu Verspannung führen. Sprechen Sie folgenden Satz: »Ich befreie jetzt meinen Geist von Ärger, Enttäuschung, Haß, Sorgen und Unreinheit.« Stellen Sie sich vor, daß alle schlechten Gedanken Ihren Kopf verlassen.

4. Sagen Sie: »Jetzt fülle ich meine Gedanken mit Frieden, Liebe, Reinheit, Ruhe und Vertrauen.« Stellen Sie sich vor, ein Strom reiner Gedanken fließt in Ihren Geist, reinigt und erfrischt ihn. Befolgen Sie die Punkte drei und vier dieser Lektion mindestens zweimal täglich.

5. Gewöhnen Sie sich an, regelmäßig Entspannungsübungen durchzuführen, um die Muskelverkrampfung zu lösen und somit einer geistigen Verspannung vorzubeugen. Eine einfache Methode zur Entspannung ist, ab und zu stehenzubleiben und dreimal tief Luft zu holen. Atmen Sie zuerst aus, und sagen Sie dabei: »Ich atme die Spannung meiner Gedanken aus«, atmen Sie ein mit den Worten: »Ich atme friedliche Gedanken ein.«

6. Setzen Sie sich in einen bequemen Stuhl, die Füße fest auf dem Boden stehend. Lassen Sie den Kopf nach hinten auf die Kopflehne sinken, und stellen Sie sich vor, an Ihren Augenlidern hingen kleine Gewichte aus Blei. Versuchen Sie, die Augen gegen den Widerstand dieser Gewichte zu öffnen. Entspannen Sie die Gesichtsmuskeln, und konzentrieren Sie sich auf friedliche Gedanken. Achten Sie auf die spürbare Erholung der Gesichtszüge.

7. Malen Sie sich mit Hilfe Ihrer Phantasie und Vorstellungskraft friedliche Szenen aus. Wie zum Beispiel bei Voll-

mond Mondschein auf schneebedeckte Erde fällt; oder wie ein ruhiger Strom an einem sonnigen Sommernachmittag eine grüne Au durchfließt. Versuchen Sie immer, wenn Sie sich angespannt fühlen, solche Bilder ein oder zwei Minuten lang vor Ihrem geistigen Auge festzuhalten.

8. Schreiben Sie Wörter auf, die Ruhe und Friede zum Ausdruck bringen, und lesen Sie diese Liste immer wieder durch. Sprechen Sie die Worte langsam und so musikalisch wie möglich, indem Sie versuchen, den ruhigen Klang zu betonen. Machen Sie sich Gedanken über die Bedeutung eines jeden Wortes. Hier einige Beispiele: Ruhe, Gelassenheit, Gleichmut.

9. Gestehen Sie sich offen Ihre Schuldgefühle oder sündhafte Taten, und verbannen Sie anschließend das Übel endgültig aus Ihrem Leben. Es handelt sich hierbei um wahre Giftkessel, die innere Spannungen hervorrufen. Geistiges Gleichgewicht kann sich erst dann einstellen, wenn die Seele Frieden hat.

10. Vertreiben Sie jeden bösen Willen, Haß, Groll und Eifersucht, indem Sie eine verzeihende Haltung einnehmen. Diese teuflischen Unruhestifter bringen Sie in Bedrängnis und versetzen Ihr Innerstes in Aufruhr. Wenn Sie aber verzeihen lernen, wird heilsame Friedfertigkeit den Geist umhüllen und Ihr physisches sowie emotionales Dasein bestimmen.

11. Unterstreichen Sie alle Stellen, die Sie in der Bibel finden können, die Gottes Seelenfrieden verdeutlichen. Lernen Sie die Verse auswendig, und wiederholen Sie sie so oft wie möglich. Fühlen Sie, wie die heilsame Kraft der Stille und dieser unbeschreibliche Friede alle seelischen und geistigen Verkrampfungen löst.

# Wir haben Geldsorgen

1. Denken Sie daran, daß Sie Ihre momentane Situation nicht ändern können, solange Sie sich Sorgen machen. Sie müssen jetzt kreativ denken, und es ist unmöglich, aus Ihrer augenblicklichen sorgenvollen Situation heraus produktive Gedanken zu fassen. Bitten Sie deshalb Gott, er möge Sie beruhigen, damit Ihnen eine Lösung für Ihr Problem einfallen kann.

2. Denken Sie daran, daß Gott unermeßliche Reichtümer bereithält, um Ihre Bedürfnisse zu decken. Sollte aber nur ein dürftiges Rinnsal seines Überflusses zu Ihnen gelangen, ist es möglich, daß Sie oder Ihre Situation die Versorgungsleitung blockieren.

3. Vielleicht beschäftigen Sie sich zu oft mit der Not. Es gibt ein geheimnisvolles Gesetz, das sagt: Wer stets an Not denkt, beschwört auch die Not herauf. Ändern Sie also Ihre Gedanken. Denken Sie an Wohlstand, und vertrauen Sie auf Gott. Er wird Ihnen immer das geben, was Sie brauchen. Sobald Sie nicht mehr an Mangel, sondern an Überfluß denken, werden sich Ihre Wünsche auf verblüffende Weise erfüllen.

4. Lesen Sie alles, was Sie finden können, über Menschen, die sich mit ein paar simplen Ideen aus ähnlichen Notlagen gerettet haben und ihre finanzielle Situation verbessern konnten. Denken Sie nicht, Ihnen könnte so etwas nicht passieren oder das Leben dieser Leute wäre einzigartig. Sie unterscheiden sich in nichts von diesen Menschen. Auch sie waren verzweifelt, doch sie haben einen Ausweg aus ihrer Misere gefunden. Eine gute Lektüre dieser Art ist zum Beispiel die monatlich erscheinende Zeitschrift ›Guideposts‹, Pawling, New York.

5. Bemühen Sie sich um gute Zusammenarbeit innerhalb der Familie die Ausgaben betreffend. Planen Sie exakt, wieviel für wen ausgegeben wird. Hier ein Beispiel: Mary hat letzten Monat ein Paar Schuhe bekommen, also bekommt John diesen Monat ein neues Hemd, und Bill nächsten Monat eine neue Hose. Alle werden stolz sein auf die gute Teamarbeit, und das Budget wird so wesentlich wirtschaftlicher eingesetzt.

6. Besinnen Sie sich auf den guten alten amerikanischen Grundsatz von Sparsamkeit und Wirtschaftlichkeit. Hierzu sind geistige Stärke und Disziplin erforderlich. Sich einen Wunsch zu verweigern ist nicht einfach, aber sehr wirksam für die Entwicklung der Persönlichkeit. Fragen Sie Gott: »Brauch' ich das wirklich?« Auf etwas hinarbeiten, planen und sparen macht Spaß und bringt Freude ins Leben. Außerdem wirkt es sich positiv auf den Geldbeutel aus. Versuchen Sie also Ihre Ausgaben durch vorherige Absprache mit Gott einzuschränken. Sie ernten sowohl finanziellen als auch geistigen Segen.

7. Legen Sie alle Rechnungen auf den Tisch. Fragen Sie Gott, was zu tun ist. Bitten Sie ihn um einen konkreten Plan zur Begleichung der Schulden. Machen Sie eine schriftliche Übersicht von allen Ausgaben, Schulden und Einnahmen. Unterteilen Sie beispielsweise in Lohn, Haushalt, Sparen und Ausgaben. Fast alle finanziellen Probleme sind anhand einer systematischen Regelung lösbar, vor allem wenn Gott die Aufsicht übernimmt.

8. Würden Sie Gott für seine Hilfe etwas bezahlen? Mit etwas meine ich genau ein Zehntel. Das wäre für Sie ein gutes Geschäft. Wir würden das nicht behaupten, wenn wir nicht ganz sicher wüßten, daß Ihr Leben dadurch unendlich bereichert werden wird. Denken Sie immer an Gottes Ver-

sprechen: »Bringt mir alle ein Zehntel in das Lagerhaus ..., und prüfet mich«, sprach der Herr der Heerscharen, »ob ich euch nicht die Fenster zum Himmel öffne und euch mit einem Überfluß segne, den zu empfangen euer Platz nicht ausreichen wird.«

## Mein Problem ist Haß

1. Sie haben recht, Haß ist ein echtes Problem. Sie werden dabei nicht nur unglücklich, er macht sogar krank. Medizinische Tests zeigten, daß oft Haß die eindeutige Ursache einer Krankheit ist. Ein Arzt sagte einmal über einen Patienten, »er könnte ein gesunder Mann sein, wenn er den Haß aus seinem Herzen vertreiben würde«.

2. Als erstes müssen Sie aufhören, sich selbst einzureden, Ihre negativen Gefühle seien gerechtfertigt. Wahrscheinlich haben Sie tatsächlich eine Menge Gründe, verletzt zu sein, doch Haß ist niemals gerechtfertigt. Schließlich wird er Ihnen auf Dauer mehr schaden als jede Kränkung, unter der Sie momentan leiden.

3. Arbeiten Sie solange an sich, bis Sie wirklich bereit sind, den Groll aufzugeben. Das sadistische Element in der menschlichen Natur nährt manchmal ein heimliches Vergnügen am Haß, es ist so, als würde man immer wieder auf einen schmerzhaften Zahn beißen. Der Wunsch nach einem gesunden Geist muß so stark sein, daß Sie alles tun, um nicht mehr zu hassen.

4. Seien Sie ehrlich zu sich selbst. Fragen Sie sich, ob Ihre Abneigung nicht von Schuldgefühlen oder eigenen Fehlern hervorgerufen wurde, die Sie nicht zugeben wollen, und die Schuld dafür den anderen geben.

5. Überwinden Sie den Haß durch Gebete. Hören Sie nicht auf zu beten, bis Sie spüren, daß er vergeht. Ein Mann erzählte mir, er mußte hundertsiebenundsechzig Gebete sprechen, bis sein Groll verschwunden war; aber der Haß war weg und kehrte nie wieder. Vielleicht ist das ein Grund, warum in der Bibel steht, »bete ohne aufzuhören«. Die Bedeutung dieser Worte ist leicht zu erklären. Herz und Seele sind dann so sehr von Gebeten erfüllt, daß kein Platz für Groll und Haß bleibt. Jesu Christi Gnade macht uns innerlich rein.

6. Das erste Gebet sollten Sie aus Dankbarkeit sprechen für die große Gnade, die es bedeutet, für die Person zu beten, gegen die sich Ihr Haß richtet. Das ist deshalb wichtig, weil Sie sich sonst wahrscheinlich heuchlerisch vorkommen. Wenn Sie aber um die Gnade bitten, für ihn oder sie zu beten, beweisen Sie höheres spirituelles Verständnis und Stärke. Sie zeigen mehr geistige Größe als zuvor und können jetzt aufrichtig beten.

7. Befreien Sie sich von allen Zweifeln und beten Sie aus tiefstem Herzen, demütig und ehrlich. Nennen Sie Ihren Feind beim Namen. Vergeben Sie ihm, und bitten Sie Gott, ihn zu segnen. Senden Sie ihm Ihre besten Wünsche. Hüten Sie sich aber, für seine Besserung zu beten. Sie würden dabei nur Ihre Kritik unter dem Deckmantel der Heiligkeit verstecken.

8. Denken Sie von nun an nur noch gut über Ihren Widersacher, und nutzen Sie jede Gelegenheit, um die neuen Gefühle zu zeigen.

9. Geben Sie ihm die Möglichkeit, Ihnen einen Gefallen zu erweisen. Es liegt in der menschlichen Natur, daß man Menschen mag, die unsere Dienste würdigen und sich re-

vanchieren. Es gibt eine Geschichte von zwei Nachbarn, die sich nicht ausstehen konnten. Eines Tages war der Heizkessel des einen Nachbarn kaputt. Widerwillig bat er den anderen um Hilfe, denn er wußte, daß er ein Fachmann für Heizkessel war. Dadurch konnte der andere Nachbar sein Können beweisen und spürte gleichzeitig die Abhängigkeit des anderen. Der Besitzer des kaputten Heizkessels war ein hervorragender Gärtner. Als es Sommer wurde, revanchierte er sich und versorgte den anderen mit Gemüse. Die beiden wurden daraufhin Freunde.

10. Lernen Sie, auf die guten Seiten der Menschen zu achten, denn jeder hat sie.

## Wir haben einen Alkoholiker in der Familie

1. Betrachten Sie das nicht als eine Schande. Ihr Angehöriger ist krank, denn Alkoholismus ist eine Krankheit. Er braucht sowohl medizinische als auch geistige Heilung, besonders aber letztere. Das bedeutet jedoch nicht, daß man seine Trinkgewohnheit verharmlosen soll.

2. Alkoholismus kann geheilt werden. Seien Sie also vertrauensvoll, denn durch Gottes Gnade wird Ihr Angehöriger sein Leiden überwinden. Viele tausend Alkoholiker haben es schon geschafft, ihre Schwäche zu überwinden, und sind heute nützliche und erfolgreiche Mitglieder der Gesellschaft.

3. Nehmen Sie sofort Kontakt zu den ›Anonymen Alkoholikern‹ auf. Das ist eine der größten und erfolgreichsten Gruppen von Leuten, die helfen können. Sie haben bereits über eine Viertelmillion alkoholkranker Menschen von ihrer Sucht befreit. Man nimmt Ihren Angehörigen dort in

persönliche Obhut und beschäftigt sich mit ihm, bis er geheilt ist.

4. Die Anonymen Alkoholiker erwarten, daß ein Trinker seine Schwäche zugibt. Darin besteht ein wichtiger Teil der Heilung. Er muß lernen, sich ehrlich einzugestehen, daß er nicht genug innere Stärke besitzt, um sein Leiden allein zu bekämpfen. Er muß bereit sein, die Therapiemaßnahmen zu befolgen und, vor allem, sich einer höheren Macht – der Macht Gottes – zu fügen.

5. Oft muß ein Alkoholiker sehr tief sinken, bevor er akzeptiert, daß er keinen Schluck Alkohol mehr zu sich nehmen darf. Erst, wenn die Sucht ihn in die Knie gezwungen hat, kann er zugeben, daß sie uneingeschränkte Macht über ihn hat, so brutal das auch klingt. Ist dieser traurige Punkt erreicht, beginnt die Hoffnung. Denn jetzt gibt er offen zu, keine eigene Kraft mehr zu haben und ist bereit, Gottes Hilfe anzunehmen, die ihn wieder stark macht.

6. Sie haben es mit einem unvernünftigen, vorübergehend außer Kontrolle geratenen Menschen zu tun. Er ist das Opfer einer Sucht geworden, die er nicht besiegen kann. Aus diesem Grund sollten die Familienmitglieder mit allen erdenklichen Schwierigkeiten und Enttäuschungen rechnen. Üben Sie sich in Geduld. Selbst wenn die erste Besserung eintritt, ist ein Rückfall jederzeit möglich. Die Angehörigen sollten sich niemals mutlos zeigen, sie müssen grenzenloses Vertrauen aufbringen, auch wenn die Situation hoffnungslos scheint. Beten Sie für den Kranken, lieben Sie ihn, und halten Sie am Glauben fest, daß das Wunder seiner Wiedergeburt eintritt.

7. Bitten Sie Gott, er möge Sie geduldig machen. Sie müssen viel Geduld aufbringen für diesen oft langwierigen Pro-

zeß. Es wäre ein Jammer, wenn Sie kurz vor dem Sieg aufgeben würden. Denken Sie an die Worte der Bibel: »Mit eurer Geduld beherrscht ihr eure Seelen.« Nur mit Geduld können Sie die Lage Ihres Verwandten ernst nehmen. Glauben Sie, daß Gott ihn heilt, wenn Sie durchhalten und weiterhin Vertrauen haben. Helfen Sie, indem Sie nicht aufhören zu beten.

8. Merken Sie sich folgendes: Der sicherste Weg, nie ein Trinker zu werden, ist der, nicht zu trinken. Nur der Alkohol macht Alkoholiker, und nichts anderes.

9. Nehmen Sie den alkoholkranken Angehörigen so oft wie möglich mit in die Kirche. Ermuntern Sie ihn, in der Gemeinde aktiv zu werden. Bitten Sie den Pfarrer, ihn aufzunehmen und ihm geistige Freundschaft und Führung anzubieten. Umgeben Sie ihn mit Ihren Gebeten, und versuchen Sie ihn zu bekehren. Alkoholismus kann durch Bekehrung geheilt werden. Ich habe das unzählige Male erlebt. Die Anonymen Alkoholiker sagen, »diesen Weg gehe ich, aber ich gehe ihn durch Gottes Gnade …« Mit der Kraft Ihres Herzens und Ihres Glaubens werden Sie es schaffen, legen Sie das Schicksal Ihres Verwandten in Gottes Hände. Bitten Sie Gott, ihn zu heilen, und vertrauen Sie ihm. Ihre Hoffnung wird sich erfüllen.

## Pensioniert sein ist nicht leicht

1. Warum verwenden wir Begriffe wie ›Pensionierung‹ oder ›Ruhestand‹? Betrachten Sie es einfach als eine Veränderung in Ihrem Lebensrhythmus, Sie wechseln von einer Tätigkeit zu einer anderen. Das Wort ›Ruhestand‹ klingt, als sei man am Ende angelangt. Als würde man sich zurückziehen oder das Spielfeld räumen. Als würde man auf eine

weitere Teilnahme verzichten. Ein besserer Ausdruck wäre vielleicht ›Neuordnung‹ des Lebens.

2. Bitten Sie Gott, Sie zu einer konstruktiven Tätigkeit zu führen. Suchen Sie nach einer Beschäftigung, bei der Sie nicht der gewohnten, beruflichen Belastung ausgesetzt sind. Widmen Sie sich der von Gott empfohlenen Tätigkeit mit dem Einsatz Ihrer jahrelangen beruflichen Erfahrung und Ihrer gegenwärtigen Kraft und Energie.

3. Weisen Sie den Gedanken, am Ende Ihres schöpferischen Lebens zu stehen, energisch zurück. In diesen späten Jahren können Sie den wichtigsten Beitrag Ihres Lebens leisten. Ihnen stehen alle nötigen Mittel zur Verfügung: Erfahrung, Reife, Verständnis. Gott wird Sie mit neuem Eifer, neuer Hoffnung und neuem Glauben ausrüsten.

4. Organisieren Sie ein Zusammentreffen von Menschen Ihres Alters; viele sind möglicherweise nicht so gut ausgerüstet wie Sie. Gründen Sie zum Beispiel einen ›Club der Goldenen Jahre‹, einen ›Club der späten Sechziger‹, einen ›Club der frühen Siebziger‹ oder eine ›Gesellschaft der 70er‹. Sie sollten nicht untätig herumsitzen und warten, bis Sie von jungen Menschen unterhalten werden. Und verlassen Sie sich vor allen Dingen nicht auf Ihre Kinder. Suchen Sie Unabhängigkeit. Solche Organisationen haben sowohl geistige als auch gesellschaftliche Bedeutung.

5. Denken Sie nicht immer an Ihr Alter. Letztendlich ist die Zeitmessung, die man ein Jahr nennt, nur erfunden. Sie sind nicht älter, als Sie sich fühlen. Verhalten Sie sich so, daß die Menschen in Ihrer Gegenwart nicht an Ihr wahres Alter denken. Werden Sie ein zeitloser Typ. Bewahren Sie sich einen regen Geist, einen strengen Glauben an Gott, und die Zeit wird es gut mit Ihnen meinen.

6. Sehen Sie sich nach einer Aufgabe um, zum Beispiel in der Kirche, im Dienstleistungsbereich, in der Politik oder bei einem Geschäftsmann, der Unterstützung braucht. Sitzen Sie nicht untätig herum. Probieren Sie alles aus, was Sie interessiert, bis Sie etwas Passendes finden. In jedem Ort gibt es unzählige Dinge, die erledigt werden müssen. Warten Sie nicht, bis Sie gebeten werden. Fangen Sie einfach an. Ich kenne einen pensionierten Mann, der die Seele der Handwerkskammer seiner Stadt wurde. Man hatte dort nicht genügend Geld, um einen Geschäftsführer einzustellen. Er ging eines Tages in das Büro und sagte, er würde gerne etwas tun. Man bat ihn zunächst, Anrufe entgegenzunehmen. Er machte seine Aufgabe so gut, daß die Kammer durch ihn viele neue Freunde gewann. Mittlerweile ist seine Hilfe unentbehrlich.

7. Prägen Sie sich folgendes gut ein: Kein Mensch ist fertig, solange Gott ihn nicht heimholt. Nur Gott allein entscheidet, wo Ihr Leben aufhört. Solange er Sie hierbehält, hat er eine Aufgabe für Sie.

8. Tun Sie alles, was Ihnen Spaß macht. Gehen Sie angeln, verreisen Sie, wandern Sie, gehen Sie ins Theater oder in die Oper, spielen Sie Golf. Amüsieren Sie sich, ohne dabei ein schlechtes Gewissen zu haben. Beglücken Sie mit Gottes Hilfe andere Menschen, so gut Sie können.

9. Bitten Sie Gott, er möge Ihnen den Weg weisen. Erzählen Sie ihm, daß Sie Ihren Beruf niedergelegt haben. Wahrscheinlich haben Sie viele Jahre darin gearbeitet. Jetzt sind Sie frei für den nächsten Job, den Gott für Sie bereithält. Glauben Sie daran, daß eine Aufgabe auf Sie wartet. Halten Sie die Augen offen, damit Sie sie erkennen. Sie werden sich bei dieser neuen und reizvollen Sache sicher glänzend amüsieren.

## Trauer um einen lieben Menschen

1. Bitten Sie Jesus Ihren Schmerz zu lindern, und vertrauen Sie auf seine Hilfe. Nur so können Sie Ihre Trauer überwinden. Der Glaube ist das beste Mittel gegen Trauer – Glaube daran, daß Christus unserem verwundeten Herzen Trost spendet. Beten Sie inständig und regelmäßig, auch wenn es Ihnen derzeit schwerfällt. Weinen Sie sich im Gebet aus, wie ein Kind bei der Mutter, wenn es sich verletzt hat.

2. Versuchen Sie nicht Ihren Kummer zu unterdrücken. Sprechen Sie offen darüber, und weinen Sie ruhig; Tränen sind eine Einrichtung der Natur, um sich Erleichterung zu verschaffen. Denken Sie ja nicht, daß ein kultivierter Mensch seine Gefühle nicht offen zeigen darf. Wenn Sie Ihre Trauer verstecken, könnten Sie sogar eine Psychose hervorrufen. Die Fähigkeit zur Trauer ist eine natürliche Anlage, wenn Sie sich dagegen wehren, schaden Sie nur sich selbst. Versuchen Sie also Ihren Kummer nicht zu verbergen, sonst setzt er sich fest, und der Schmerz wird nicht gelindert.

3. Seien Sie weise, und sagen Sie: »Jeder Mensch muß sein Kreuz tragen; das ist so im Leben. Niemand kann mir die Erinnerung an unsere gemeinsame Zeit nehmen, ich trage sie in meinem Herzen. Ich muß weiterleben, egal wieviel Leid das Leben mir zufügt. Gott wird mir helfen es durchzustehen.« Prägen Sie sich diese Lebensphilosophie gut ein. Es ist nicht einfach, aber es wird Sie trösten und Ihrem Leben wieder einen Sinn geben. Aus der inneren Überzeugung, daß es Gottes Wunsch war, entwickeln Sie neue Kraft und neuen Mut.

4. Führen Sie Ihr Leben, so gut es geht, weiter wie bisher. Gewöhnen Sie sich nicht an, gemeinsame Freunde oder

Stätten der Erinnerung zu meiden. Bewahren Sie sich gewohnte Interessen, Tätigkeiten und Freundschaften. Es hat keinen Sinn wegzulaufen oder sich zu verkriechen, dadurch werden Sie nur griesgrämig und introvertiert. Tauchen Sie wieder in den Strom des Lebens ein, das wird Schmerz und Trauer mildern. Nutzen Sie Ihre geistige Energie, um sich abzulenken, denn psychischer Schmerz wird in Gedanken empfunden. Sie müssen keine Angst haben, daß Sie dem Verstorbenen durch diese Haltung untreu werden. Im Gegenteil, vielleicht kann er sie sogar vom Himmel aus beobachten und ist über Ihre Zurückgezogenheit zutiefst betrübt, denn er weiß, welche traurigen Konsequenzen das für Ihr weiteres Leben hat. Wenden Sie sich wieder dem Leben zu, Christus wird Sie trösten.

5. Es gibt im Leben ein eigenartiges Gesetz: Nehmen Sie den Kummer anderer Menschen auf sich, und Sie werden Ihr eigenes Leid nicht mehr so stark empfinden, vielleicht werden Sie es sogar vergessen. Indem Sie Ihre geistige Energie nutzen, um anderen zu helfen, bleibt nicht mehr viel übrig, um sich auf den eigenen Schmerz zu konzentrieren. Überlegen Sie sich also, wem Sie helfen könnten, und opfern Sie dieser neuen Aufgabe so viel Zeit wie nur irgend möglich. Dies ist eine sehr sinnvolle Methode, um das eigene Unglück zu überwinden.

6. Sollte Sie Ihr Kummer trotzdem weiter quälen, empfehle ich Ihnen folgendes zu tun: Lesen Sie das Buch der Psalmen von Anfang bis Ende. Sie finden darin eine Beschreibung des menschlichen Lebens, mit all seinen Höhepunkten und Niederlagen. Die geistige Auseinandersetzung mit den edlen Lehren wird tief in Ihrem Inneren Vertrauen und Verständnis wecken und Ihnen helfen, die eigene Situation gelassener zu betrachten. Nutzen Sie die spirituelle Wirkung dieser Übung.

7. Ich persönlich finde sicheren Trost in der Überzeugung, daß man einen geliebten Menschen durch seinen Tod nicht verliert. Der Verstorbene ändert lediglich die Form seiner Existenz, aber er ist nicht wirklich tot. Haben wir nicht manchmal das vage Gefühl seiner schattenhaften Gegenwart und seiner liebevollen Zärtlichkeit? Diese heilige Erfahrung wird darüber hinaus durch den alten christlichen Glauben ergänzt, daß wir mit unseren Lieben vereint sein werden, in einem Reich, wo es keine Trennung mehr gibt. Sie können sich tatsächlich darauf verlassen, es ist wirklich wahr. »Ich bin die Auferstehung und das Leben: wer an mich glaubt, wird leben, obwohl er tot war: und wer lebt und an mich glaubt, wird nie sterben.«

## Unser Kind hat den falschen Umgang

1. Auch wenn Sie das Gefühl haben, daß Ihr Sohn oder Ihre Tochter den falschen Umgang hat, sollten Sie auf alle Fälle ruhig bleiben. Regen Sie sich auf keinen Fall auf. Achten Sie immer darauf, nichts Falsches zu sagen. Es handelt sich hier um eine heikle Angelegenheit, und Sie können nur mit Gelassenheit Einfluß auf Ihr Kind nehmen. Und noch etwas, indem Sie einen klaren Kopf behalten, werden Sie weitaus mehr erreichen, als Sie vielleicht momentan erwarten.

2. Sprechen Sie ein eindringliches Gebet. Bitten Sie Gott, dafür zu sorgen, daß Sie absolut objektiv und ehrlich bleiben. Sowohl in der Beurteilung des jungen Menschen, als auch Ihren elterlichen Stolz betreffend. Lassen Sie sich nicht zu einer Demonstration Ihrer Machtposition verleiten, und halten Sie sich immer vor Augen, was das Beste für die Beteiligten ist.

3. Es kann gefährlich sein, wenn man versucht, sich in das Leben eines erwachsenen Menschen einzumischen – und junge Leute werden heutzutage sehr früh erwachsen. Vielleicht ist der Instinkt Ihres Sohnes oder Ihrer Tochter bezüglich der Wahl seines oder ihres Partners sogar zuverlässiger als der Ihre. Stellen Sie sich vor, Ihre Wahl würde sich später als falsch erweisen. Ihr Kind würde Ihnen diese Fehlentscheidung nie verzeihen. Zudem könnten Sie seinem oder ihrem zukünftigen Leben damit ernsthaft schaden.

4. Bleiben Sie ruhig und vernünftig, und beten Sie. So gelangen Sie zu einer klügeren Einsicht als Ihr Kind, denn junge Menschen handeln oft impulsiv und bedauern die Unüberlegtheit später. Ein von Gott geleiteter Elternteil weiß, wann und wie guter Rat fällig ist.

5. Seien Sie schöpferisch, und lassen Sie sich etwas einfallen, um Ihr Kind bei der Wahl seiner Freunde zu unterstützen. Machen Sie es mit beherzten und intelligenten jungen Leuten bekannt, deren Charakter, Herkunft und Ausbildung Ihnen zusagen. Die intelligentesten, begabtesten und anspruchsvollsten jungen Menschen finden Sie heutzutage zum Beispiel in kirchlichen Einrichtungen. Oder nehmen Sie Kontakt zu Familien auf, die einer christlichen Gemeinde angehören und berücksichtigen Sie, daß geistige Verwandtschaft die beste Voraussetzung für eine Romanze ist.

6. Ich wurde in meiner beratenden Tätigkeit oft mit Eltern konfrontiert, die die Heirat ihrer Kinder für unüberlegt hielten, weil sie dachten, die Familie des gewählten Lebenspartners stünde unter ihrer Würde oder würde ihren Ansprüchen nicht gerecht. Dabei konnte ich oft erstaunt feststellen, daß sich der anfangs abgelehnte, junge Mensch hervorragend entwickelte und die Ehe ausgesprochen glücklich wurde.

7. Legen Sie das Schicksal Ihres Kindes im täglichen Gebet in Gottes Hände, und vertrauen Sie auf seine Führung. Das ist das Beste, was Eltern tun können. Die Hingabe und das Vertrauen umgeben den jungen Menschen mit einer spirituellen Kraft, die ihn schützen wird.

8. Nur wenn Eltern eine vorbildliche Ehe führen, können sie die zukünftige Ehe ihres Kindes positiv beeinflussen, denn es wird sich dieselbe Beziehung wünschen, die es bei den Eltern erlebt hat. Es wird die Wahl des Partners unbewußt nach den Maßstäben richten, mit denen es großgeworden ist.

9. Sollte Ihr Sohn oder Ihre Tochter auf den Umgang oder die Ehe bestehen, obwohl Sie es ablehnen, müssen Sie Gott um Selbstbeherrschung bitten und sich dem Unvermeidlichen fügen. Unterstützen Sie die Wahl so gut Sie können und in dem festen Glauben, daß sich die scheinbar tragische Situation zum Guten wendet, wenn alle zusammenhalten.

10. Ich warne Sie noch einmal, bleiben Sie in jeder Situation, in der Sie versuchen, die Entscheidung Ihres Kindes zu beeinflussen, gelassen. Bleiben Sie nach außen gleichmütig, auch wenn Sie innerlich besorgt sind. Zeigen Sie weder Schreck, noch Enttäuschung, Ärger oder Mißfallen. Denken Sie daran, daß der junge Mensch eine schwierige emotionale Erfahrung durchlebt und nicht die Reife besitzt, die Ihnen zu innerem Gleichgewicht verhilft. Sie aber haben genug Erfahrung, um einsichtig zu sein und Ruhe zu bewahren. Oft kann man die ganze Situation mit einer Portion Selbstbeherrschung retten. Die nötige Kraft erhalten Sie aus Ihrem tiefen Glauben an Gott. Eine mir bekannte Mutter unterbreitete ihrer Tochter den Vorschlag, den besagten jungen Mann zu einem gemeinsamen, einwöchigen Urlaub auf dem Land einzuladen. Am Ende der Woche hatte das

Mädchen an dem Jungen Eigenschaften entdeckt, von denen sie sich nie hätte träumen lassen. Sie hatte das Gefühl, als sei er im Kreis ihrer Familie absolut fehl am Platz. Die Hauptsache dabei war, daß sie diesen Umstand selbst erkannte.

11. Letztendlich ist das Gebet die beste Garantie, eine geeignete Lösung zu finden. Versuchen Sie, alle Beteiligten für einen gemeinsamen Gebetskreis zu begeistern. Wenn sie nicht daran teilnehmen wollen, dann beten Sie allein. Aber bitten Sie Gott nicht, Ihre oder irgendeine andere Meinung zu unterstützen. Fragen Sie ihn einfach, was das Beste ist. Sie werden die richtige Antwort bekommen.

## Alt und jung unter einem Dach

1. Es wird Sie interessieren, daß in mehreren tausend Haushalten ein älterer Mensch – Mutter, Vater oder Schwiegereltern – lebt. Ein Arzt erzählte mir, daß er in fast jedem Haus, in das er gerufen wurde, diese Situation vorfand.

2. Wenn Sie die Gegenwart des älteren Menschen als Belästigung empfinden, sollten Sie folgendes bedenken: »Vielleicht muß auch ich eines Tages mit meinen Kindern leben und würde mir wünschen, daß sie sich mir gegenüber freundlich und rücksichtsvoll verhalten.«

3. Gesetzt den Fall, Sie sind die ältere Person und Sie sind enttäuscht, weil Sie sich ungeduldig und rücksichtslos behandelt fühlen, sollten Sie folgendes berücksichtigen: so sehr man Sie auch liebt, eine Familie setzt sich in der Regel aus Ehemann, Ehefrau und Kindern zusammen. Andere Menschen können naturgemäß nicht Teil dieses familiären

Kreises werden, auch nicht, wenn sie hochgeschätzt werden. Wenn Sie das akzeptieren und sich beide Parteien rücksichtsvoll verhalten, kann diese, eigentlich unnatürliche Regelung erleichtert werden.

4. Junge Menschen sollten stets davon ausgehen, daß ein älterer Mensch einen erheblichen Beitrag für eine bessere Atmosphäre leisten kann. Mit seiner stillen Hilfsbereitschaft und seinem Glauben übt er einen positiven Einfluß aus.

5. Ein betagter Mensch, der im Haus seiner Kinder lebt, sollte mit Meinungsäußerungen sehr vorsichtig umgehen und sich nicht in anmaßender oder nörgelnder Art und Weise einmischen. Er sollte akzeptieren, daß Vater und Mutter den Haushalt nach ihren Vorstellungen regeln.

6. Der ältere Mensch sollte ein eigenes Leben führen. Erwarten Sie von Ihren Kindern oder Enkelkindern nicht, daß man Sie unterhält oder Ihnen übermäßige Aufmerksamkeit schenkt. Suchen Sie sich möglichst viele eigene Interessen. Bauen Sie sich einen eigenen Bekanntenkreis auf, und gehen Sie oft aus. Führen Sie ein interessantes, ausgefülltes und bedeutendes Leben. Die anderen Familienmitglieder werden Sie bewundern und erpicht sein, alles über Ihre Unternehmungen zu erfahren. Auch ältere Menschen brauchen einen Terminkalender.

7. Wenn Sie krank oder gebrechlich sind, trifft das in Punkt sechs Genannte natürlich nicht zu. Nutzen Sie Ihre Zeit um Bücher zu lesen oder Briefe zu schreiben, und versuchen Sie, sich mit den Händen zu betätigen. Achten Sie auf einen regen Geist, und befassen Sie sich mit aktuellen Ereignissen. Interessieren Sie sich zum Beispiel für Politik, Kirche, Kunst, Musik oder Mode. Mit anderen Worten, seien Sie aufgeschlossen, so daß die Mitbewohner Freude an

Ihrer Gegenwart haben, egal ob Sie nun krank oder gesund sind.

8. Vermeiden Sie mit Gottes Hilfe, sich zu beklagen, zu jammern oder übermäßige Beachtung zu erwarten. Damit würden Sie sich nur unbeliebt machen, egal wie sehr man Sie schätzt.

9. Zeigen Sie den jungen Leuten, daß es eine besondere Gnade Gottes ist, im Kreis Ihrer Lieben verweilen zu dürfen. Genießen Sie das Privileg, den Pfad des Lebens noch ein Stück gemeinsam zu gehen. Zählen Sie jeden neuen Tag, denn es ist ein Tag weniger, um miteinander zu sprechen oder sich zu lieben. Erinnern Sie sich an gemeinsame Erlebnisse, und daran, daß Ihre beiden Leben durch dieselben Wurzeln verflochten sind. Wenn das vorüber ist, fällt ein großer Baum zu Boden und hinterläßt ein Loch am Himmel.

10. Durch regelmäßige Gebete verwandelt sich jedes Heim in einen Ort des Friedens und des Glücks. Sprechen Sie täglich ein Tischgebet, und fordern Sie auch den betagten Mitbewohner dazu auf. Die Gebete älterer Menschen besitzen eine Güte und Kraft, die jungen Leuten noch fremd ist.

## Mein Kind ist ein schlechter Schüler

1. Wenn Ihre Kinder schlechte Schüler sind, gibt es wahrscheinlich einen triftigen, wenn auch einfachen Grund. Nehmen wir an, es liegt nicht an mangelnder Begabung oder Intelligenz, sondern daran, daß die geistigen Fähigkeiten brachliegen und nicht ausgeschöpft werden. Machen Sie Ihr Kind darauf aufmerksam, daß es ungenutzte Energiequellen in sich trägt und helfen Sie ihm, diese Kräfte richtig einzusetzen.

2. Vielleicht hat Ihr Kind nie gelernt, systematisch und diszipliniert zu arbeiten. Bringen Sie ihm bei, die Aufgaben ordentlich und planmäßig anzupacken sowie regelmäßige Lernzeiten einzuhalten. Ein regelrechtes Lernprogramm sollte strikt eingehalten werden: keine Unterbrechungen durch Radio, Fernsehen oder irgendwelche ›besonderen‹ Ausnahmen, es sei denn, es ist etwas wirklich Wichtiges.

3. Versuchen Sie, Ihr Kind von der psychologischen Wirkung der inneren Zuversicht zu überzeugen. Es muß lernen, an sich selbst zu glauben. Nur wer auf die eigenen Fähigkeiten vertraut, wird seine Aufgaben gut machen. Bringen Sie Ihrem Kind deshalb bei, für das Gelingen seiner Bemühungen zu beten. Das ist die beste Möglichkeit, einem Kind Selbstvertrauen zu vermitteln. Ein Kind, das mit dem Bewußtsein lebt, daß Gott sein Partner ist, weiß, daß es nicht versagen kann. Es verfügt über unerschöpfliche Energiereserven. Zudem wird ihm der Glaube helfen, daß es bei Prüfungen nicht nervös ist.

4. Vergleichen Sie Ihr Kind nie mit anderen Kindern oder älteren Geschwistern. Sagen Sie nie, es sei nicht so klug wie andere. Dadurch geben Sie ihm das Gefühl, aufgrund der schlechteren Noten minderwertig zu sein. Ermutigen Sie das Kind einfach, sein Bestes zu geben und die gestellten Anforderungen so gut wie möglich zu erfüllen. Bringen Sie ihm bei, wie man aus eigener Kraft erfolgreich ist.

5. Achten Sie darauf, daß zu Hause eine friedliche, ausgeglichene und ruhige Atmosphäre herrscht. Eltern sind sich oft nicht im klaren, wie negativ sich Streit und schlechte Stimmung auf die Entwicklung eines Kindes auswirken. Es wird durch diese unglücklichen Umstände zutiefst verunsichert, zudem werden emotionale und geistige Kräfte gehemmt. Zur Verbesserung der häuslichen Umgebung raten

wir dringend, gemeinsame Gebete im Kreis der Familie durchzuführen und Kirchenbesuche abzuhalten. Vor allem sollten sich die Eltern dem Glauben an Jesus Christus verschreiben. In einem christlich geführten Haushalt wird es den Kindern nie an Liebe fehlen. Viele Kinder entwickeln die bewußte oder unbewußte Furcht, nicht genügend geliebt oder abgelehnt zu werden, und sind deshalb in ihrer Aktivität wie gelähmt. Sie bedauern, daß sich niemand um sie kümmert. Sie haben das Gefühl, sich allein durchs Leben zu kämpfen. Ein Kind, das von Liebe, Glaube, Anerkennung, Beachtung, Zusammenhalt und Gebeten umgeben aufwächst, ist frei von psychischen Konflikten und hat genug Kraft, um eigene Verantwortung zu tragen.

6. Ein Elternteil oder besser beide sollten sich jeden Abend genug Zeit nehmen, um mit dem Kind über Schulangelegenheiten zu sprechen. Eltern helfen nicht, indem sie die Aufgaben selbst machen. Bemühen Sie sich, Ihrem Kind eigenständiges Denken beizubringen. Nur so zeigen Sie echtes elterliches Interesse, demonstrieren Liebe und erzeugen Vertrauen.

7. Beten Sie jeden Abend gemeinsam mit dem Kind für einen erfolgreichen Schultag. Schicken Sie Ihr Kind nicht mit der Anweisung zur Schule: »Du mußt besser als alle anderen sein, dein Vater und deine Mutter waren es auch.« Zwingen Sie Ihr Kind nicht, ein guter Schüler zu sein. Machen Sie dem Kind Mut, ehrlich, gewissenhaft und genau seine Pflicht zu erfüllen. Überzeugen Sie es, die Aufgaben so gut wie möglich zu machen, ohne sich an anderen zu messen. Erzählen Sie einem Kind nie, es müsse sich schämen oder es bringe Schande über die Familie, weil es keine guten Noten erzielt. Damit würden Sie nur Nervosität und Angst auslösen. Erinnern Sie immer wieder an den Grundsatz: dem der glaubt, ist nichts unmöglich.

8. Beten Sie morgens und abends: »Ich danke dir, Herr, für dieses Kind. Hilf ihm, durch mich zu Gott zu finden. Mach, daß mein Glaube es anregt, Gottes Kind zu werden und sich von Gott führen zu lassen. Gib, daß es weiß, wie sehr ich an seinen Erfolg glaube. Ich wünsche mir, daß mein Kind mit Gottes Hilfe sich selbst und seine Kraft kennenlernt.«

# Teil 4

# Der Weg zu neuer Lebenskraft

Sind Sie manchmal niedergeschlagen? Läßt Ihre Lust am Leben von Zeit zu Zeit nach? Sehnen Sie sich nach mehr Freude oder Begeisterung?

Zweifellos würden die meisten Menschen diese Fragen mit ›ja‹ beantworten. Für viele ist es allerdings ein Problem, sich das Interesse und die Freude am eigenen Leben zu bewahren.

Oft schleicht sich Trübsinn in unser Innerstes und verursacht ein Absinken der Lebenslust. Druck, Anspannung, Furcht und Überlastung – all das erschöpft unsere Energie. Sowie die Energie verbraucht ist, nimmt automatisch das Interesse an gewissen Dingen, Ereignissen, Umständen und Situationen ab. Wenn die Gedanken ermüden, entwickeln wir einen gelangweilten Standpunkt. Manchmal erleiden wir eine ganze Reihe von Schicksalsschlägen, z. B. den Verlust eines geliebten Menschen, berufliche Enttäuschung, finanzielle Probleme, oder man fühlt sich auf irgendeine Weise schlecht behandelt. Es ist, als würde man den Boden unter den Füßen verlieren.

Wir könnten noch endlos fortfahren, weitere Ursachen für Trübsinn aufzuzählen. Doch uns interessiert die positive Lebensführung, wie man zum Beispiel die Lebensfreude steigert und wie man erfolgreich, glücklich und aktiv wird.

Vor einigen Jahren entdeckte ich einen sehr einfachen Weg, auf Dauer munter, eifrig und begeistert zu bleiben. Es gelang mir, meine geistige Kraft mit bestimmten Bibelversen zu beleben und anzuregen, indem ich die Texte einfach auswendig lernte und regelmäßig wiederholte.

In der Bibel finden wir auch jene treffende Aussage über die Macht der Worte Jesu: »Wenn ihr in mir bleibt und meine Worte in euch bleiben, so mögt ihr bitten, um was ihr wollt: es wird euch zuteil werden« (Johannes 15,7). Das bedeutet, wenn die kraftvollen, belebenden Worte der Heiligen Schrift in einen müden, schwachen und teilnahmslosen Geist eindringen, werden neue Kräfte freigesetzt und bewirken eine Wandlung der geistigen Verfassung.

Sie haben sicher den ersten Teil dieses Buches mit dem Titel ›Erneuerung der Gedanken‹ gelesen. Es wurden vierzig Bibelsprüche aufgeführt, die einer geistigen Regeneration dienen.

Ich kenne viele Menschen, die unseren Anregungen zur Anwendung dieser Verse gefolgt sind und erstaunlich positiv über die Auswirkungen berichteten.

Ein New Yorker Geschäftsmann zum Beispiel geht nie aus dem Haus, ohne Kopien der besagten Texte in der Tasche zu tragen. Als er sie mir zeigte, waren sie schmutzig und voller Eselsohren. Doch er sagt, sie hätten seine Gedanken belebt, sein Leben verändert – und sogar zur Rettung seiner Firma beigetragen.

Dieser Teil des Buches enthält eine Auswahl von einunddreißig weiteren Bibelsprüchen – für jeden Tag des Monats einen.

Neben mir gelangten auch noch viele andere Menschen zu der Überzeugung, daß sich die Texte bestens eignen, um jemand aus seiner entmutigten, erschöpften und gedrückten Stimmung herauszuholen.

Ein passender Bibelvers zum richtigen Zeitpunkt ist wirkungsvoller, als jede andere Wortzusammensetzung. Zunächst aber finden Sie einen Plan zur Anwendung der empfohlenen Texte.

Wenn Sie die einzelnen Punkte aufmerksam befolgen, werden Sie eine unfehlbare Steigerung Ihrer Lebensfreude herbeiführen.

## Methode für die Anwendung der vorgeschlagenen Bibelverse

1. Lesen Sie den vierten Teil einmal ohne Unterbrechung, von Anfang bis Ende durch, um einen allgemeinen Eindruck zu erhalten.

2. Konzentrieren Sie sich dann jeden Tag auf *einen* der einunddreißig Verse. Sie sind also einunddreißig Tage damit beschäftigt. Versuchen Sie die einzelnen Verse auswendig zu lernen. Was man sich einmal eingeprägt hat, bleibt im Unterbewußtsein haften und kann von dort seine heilsame Kraft verströmen. Da unser Denken und Handeln vom Unterbewußtsein gelenkt werden, sind Gedanken, die sich im Unterbewußtsein eingenistet haben, sehr einflußreich.

3. Sagen Sie den gelernten Text so oft wie möglich laut. Konzentrieren Sie sich dabei auf den Sinn der Worte, und lassen Sie ihn tief in Ihr Innerstes eindringen.

4. Überlegen Sie jeden Tag, wem Sie den Inhalt des gelernten Verses wiederholen könnten. Versuchen Sie die Bedeutung der Worte zu erklären. Für jeden positiven Gedanken, den Sie an andere weitergeben, werden Sie dreifach belohnt.

5. Sagen Sie abends vor dem Einschlafen folgendes: »Die Worte, die ich heute gelesen und auswendig gelernt habe, um meine Lebensfreude zu steigern, sind in mein Bewußtsein eingebettet. Von dort verströmen sie ihre heilsame und erneuernde Kraft.«

6. Stellen Sie sich vor, daß Ihr Geist von diesen produktiven, kraftvollen, lebensverändernden Gedanken immer wieder angeregt wird. Langsam, aber sicher, werden Sie ein neuer Mensch.

Werden Sie sich über die Kraft in Ihrem Inneren bewußt, und seien Sie nicht länger das Opfer einer bedrückten Stimmung. Worin besteht diese innere Kraft? Sie ist die von Gott gegebene Fähigkeit zum Glauben. Je mehr Sie diese Fähigkeit entwickeln, desto leichter werden Sie die Tiefpunkte des Lebens überwinden. Dies drückt einer der wichtigsten Bibelverse aus:

*Jesus sagte zu ihm:*
*»Was dein ›wenn du es vermagst‹ betrifft,*
*so wisse:*
*alles ist dem möglich,*
*der Glauben hat.«*
Markus 9,23

Lernen Sie zu glauben. Vertreiben Sie die Zweifel.

Das geschieht durch Konzentration. Konzentrieren Sie sich auf den Glauben, auf positive Gedanken. Stellen Sie sich vor, Sie würden Großes vollbringen. Seien Sie nicht mehr mißtrauisch, sondern vertrauensvoll.

Dieser Text sagt nicht unbedingt, daß man alles haben kann, was man sich wünscht. Doch je stärker Ihr Glaube ist, desto näher rücken Ihre sehnlichsten Wünsche.

Der Text sagt, daß Glaube den Bereich des Unmöglichen reduziert und den Bereich des Möglichen vergrößert. Machen Sie diesen Vers zum Mittelpunkt Ihres Denkens, und Sie sind nie wieder das Opfer Ihres Trübsinns.

Wenn wir in der Bibel von den wunderbaren Dingen lesen, die Jesus für seine Menschen getan hat, wünschen wir uns sehnsüchtig, dasselbe zu erleben.

Diese Menschen wurden durch ihren Glauben an Jesus Christus zu Außergewöhnlichem befähigt, aus einer traurigen Notlage befreit oder erlangten Macht über ihre Schwierigkeiten.

Traurig fragen wir uns: »Warum kann mir das nicht auch passieren?«

Es kann, und als Beweis bitte ich Sie über folgenden Text nachzudenken:

*Jesus Christus,*
*gestern und heute derselbe,*
*und auch in Ewigkeit!*
Hebräer 13,8

Hier wird eine simple Wahrheit ausgesprochen: Jesus Christus verändert sich nie. Er ist ein unveränderlicher Faktor in einer sich ständig ändernden Welt. Nur er ist kein Gefangener seiner Zeit, wie alle anderen Menschen. Er ist heute derselbe wie damals, als er an den Stränden von Galiläa entlangging. Er ist noch genauso freundlich und hat dieselbe Kraft, Menschenleben zu befreien und zu verändern. Er kann noch immer verlorenen Mut wiedergeben und die Seelen der Menschen verwandeln. Alles, was er jemals für irgendeinen Menschen getan hat, kann er ebenso für Sie tun. Es hängt nur davon ab, ob Sie bereit sind, Ihr Leben in seine Hände zu legen und an ihn zu glauben.

Es gibt einen bemerkenswerten Vers, der unsere Lebenskraft steigert, indem er uns den Weg zu den wahren Werten eines reichen und vollen Lebens weist, wie z. B. Friede, Ruhe, Befriedigung materieller Bedürfnisse, Freundschaft und andere gute Dinge.

Sie finden das Geheimnis in folgendem Text:

*Trachtet vielmehr zuerst nach*
*dem Reich Gottes und nach seiner Gerechtigkeit,*
*dann wird euch dies alles obendrein gegeben.*
Matthäus 6,33

Es heißt, wir sollen zuerst das Reich Gottes suchen. Damit ist eine Existenzform mit Merkmalen gemeint, die wir mit Gott assoziieren: Stärke, Aufrichtigkeit, Schutz, Güte, Vertrauen, Liebe. Versuchen Sie, so zu werden, und positive Erfahrungen werden Ihren Weg kreuzen. Weiter heißt es, wir sollen Gottes Gerechtigkeit besitzen, d. h. seine Gutwilligkeit. Lernen Sie, gerecht zu denken. Gerechtes Denken wird von der Intelligenz gesteuert und ist positiv – nicht negativ; uneigennützig – nicht egoistisch; schöpferisch – nicht zerstörerisch; freundlich – nicht bösartig. Das bedeutet, wir sollen dieselben Gedanken haben wie Gott. Wenn Sie gelernt haben, so zu denken, werden sich all die ›guten Dinge‹, alles was Sie für ein gutes Leben brauchen, vermehren und vervielfältigen.

Ich litt früher sehr unter Unsicherheit. Ich hatte Angst vor jeder Ungewißheit und zögerte oft vor dem nächsten Schritt, vor allem von bekanntem in unbekanntes Terrain.

Diese beruhigenden Worte halfen mir, jenes unglückselige Gefühl zu überwinden:

*Und siehe, ich werde mit dir sein und werde*
*dich überall schützen, wohin du gehst, …;*
*denn ich will dich nicht verlassen,*
*bis ich das ausgeführt habe,*
*was ich dir verheißen habe.*
Mose 28,15

Dieser Vers drückt eine ermutigende Wahrheit aus, nämlich daß Gott mit Ihnen ist, wo immer Sie sich aufhalten und in welcher Situation Sie sich befinden. Das bedeutet, Sie sind nie allein, er ist immer bei Ihnen.

Des weiteren gibt der Text Ihnen die Gewißheit, daß Gott Sie zum Erfolg führt und bei allen Unternehmungen, zu denen er Sie ermutigt hat, unterstützt.

Wiederholen Sie den Text also so lange, bis Sie *wissen*, daß Gott bei Ihnen ist und Ihnen hilft, das Leben zu meistern.

Ein bekannter Physiker und prominenter Schüler von mir stellte in einem gemeinsam verfaßten Artikel diese ungewöhnliche Frage: Sind Sie glücklich genug, um lange zu leben? Man sagt, daß 35% bis 50% aller kranken Menschen deshalb krank sind, weil sie ein unglückliches Dasein führen.

Diese Worte sind wie Medizin:

*Ein fröhlicher Sinn*
*fördert die Genesung.*
Sprüche 17,22

Freude hat einen wichtigen therapeutischen und heilenden Wert, während Schwermut und Depression eine produktive Lebensführung unmöglich machen. Vielleicht hat uns Jesus deswegen geraten, fröhlich zu sein.

Lernen Sie, ein frohes Leben zu führen. Das heißt nicht, Sie sollen eine oberflächliche und leichtfertige Ansicht über Schmerz oder die oft problematische Realität der heutigen Zeit entwickeln, sondern daß Sie sich um eine hoffnungsvolle und optimistische Lebenshaltung bemühen. Man soll glückliche Gedanken haben, glückliche Dinge sagen und das Leben anderer Menschen mit seiner Fröhlichkeit bereichern. Genießen Sie es, anderen Menschen Kraft zu geben, und helfen Sie ihnen, das Leben zu meistern. Dadurch wird sich Ihre eigene Lebensfreude steigern.

Wenn Sie sich bedrückt fühlen, sollten Sie den Text solange wiederholen, bis die Vitalität dieser Worte Ihren Trübsinn besiegt.

Ich kenne viele Menschen, die mit Hilfe dieser Worte innere Reinheit erlangten und geistig belebt wurden:

*Ihr seid bereits rein infolge des Wortes,*
*das ich zu euch geredet habe.*

Johannes 15,3

Wir erfahren hier, daß Jesu Worte eine außergewöhnliche und mystische Kraft besitzen. Demjenigen, der sich den Inhalt gut einprägt und oft ins Gedächtnis ruft, stehen alle Möglichkeiten offen.

So steht es in der Bibel, »ihr könnt bitten um was ihr wollt, es wird euch geschehen«.

Wie können von Jesus Christus gesprochene Worte einen Menschen rein und stark machen?

Indem sie lehren, man solle für falsche Gedanken und Taten um Vergebung bitten. Indem sie lehren, man solle unreine Gedanken verwerfen und heilsames Denken entfalten. Unterwerfen Sie sich dem Glauben, und erleben Sie eine wahrlich wunderbare Gehirnwäsche – Ihre Gedanken werden ›weißer als Schnee‹.

Jesus spricht von einer Lehre der Liebe, die den Geist von Haß reinigt. Durch die Beichte vor Gott und das Vertrauen in Christus werden uns alle Sünden vergeben und verlieren ihre Macht über uns. Die Reinheit der Gedanken wird zur unerschöpflichen Quelle neuer Lebenskraft.

Für all diejenigen, die sich nichts weiter wünschen, als das Leben zu genießen, Gottes Güte zu erfahren, glücklich zu sein und anerkannt zu werden – kurz gesagt, ein erfülltes und reichhaltiges Leben zu führen – gilt folgender Text. Lesen Sie ihn langsam, besonnen und demütig:

*Denn wer seines Lebens froh werden*
*und gute Tage sehen will,*
*der halte seine Zunge vom Bösen fern und*
*seine Lippen von Trugreden:*
*er wende sich vom Bösen ab und tue Gutes,*
*suche Frieden und jage ihm nach.*

I. Petrus 3,10;11

In diesen beiden Versen finden Sie einige Dinge, die Ihr Herz beglücken. Da ist einmal der Rat, über andere nichts Böses zu verbreiten. Sagen Sie also nichts, was andere verletzen könnte. Weiter heißt es, man soll sich vor zweideutiger Rede hüten, vor scharfen und gemeinen Bemerkungen, mit denen man anderen schadet, um die eigenen Interessen in den Vordergrund zu rücken. Wir sollen dem Bösen den Rücken zuwenden und nur noch Gutes tun, anderen Menschen helfen und Segen in ihr Leben bringen. Wir sollen den Frieden auf Erden und in unseren Herzen suchen und auf andere übertragen. Wir sollen eine Insel der Ruhe sein, in dieser chaotischen Welt. Wer diese einfachen, christlichen Wahrheiten befolgt, wird das Leben schön finden und es lieben.

Die Qualität unserer Beziehungen zu anderen Menschen hat einen erheblichen Einfluß auf unsere Lebensfreude. Wenn wir grundsätzlich in Opposition treten oder streiten, werden wir bald unter der zunehmenden Entfremdung von unseren Mitmenschen leiden. Doch es gibt eine Heilung:

*In der Bruderliebe seid gegeneinander*
*voll Herzlichkeit;*
*an Ehrerbietung komme einer dem anderen zuvor.*
Römer 12,10

Die Worte lehren uns, freundlich zu sein. Nehmen Sie eine großzügige, geduldige Haltung ein, und gehen Sie stets davon aus, daß der andere im Grunde nicht so schlecht ist, wie es scheint. Üben Sie Rücksichtnahme, dann wird aus der freundlichen Gesinnung vielleicht Zuneigung. So kann gute Freundschaft entstehen, indem Sie die Interessen des anderen vor Ihre eigenen setzen.

Ihr Herz wird frei von Eifersucht und bösem Willen. Wenn Ihre Zuneigung dann noch erwidert wird, erleben Sie eine nie gekannte Freude.

Nichts erfreut unser Herz so sehr, wie ein ruhiges Gewissen, nachdem wir all unseren Verpflichtungen nachgekommen sind. Diese Erkenntnis ist ein unermeßlicher Beitrag zur Steigerung von Lebensfreude und Glück. Im Gegensatz dazu ist es ausgesprochen mühsam, wenn man jeden neuen Tag mit einem Gefühl der Unzulänglichkeit und Schwäche beginnt. Man fühlt sich vom Leben überfordert, und tiefe Mutlosigkeit setzt ein.

Bekämpfen Sie Pessimismus und Trübsinn mit diesem Gegenmittel:

*Fürchte dich nicht, denn ich bin mit dir:*
*blicke nicht ängstlich umher,*
*denn ich bin dein Gott:*
*ich stärke dich,*
*ja ich helfe dir und halte dich stets*
*mit meiner heilverleihenden Rechten.*

Jesaja 41,10

Mit diesem Vers schenkt Gott uns ein wichtiges Versprechen. Er sagt, Sie brauchen sich nicht zu fürchten, egal wie erschreckend Ihre Probleme sind. Lassen Sie sich nicht ängstigen, denn Gott verspricht, Sie stark zu machen und Ihnen zu helfen. Er verspricht, Sie zu stützen und gegen jede Situation zu wappnen.

Akzeptieren Sie seine Unterstützung, und prägen Sie sich den Vers so gut ein, daß er Ihnen lebenslange Widerstandskraft verleiht.

Auch der Geist braucht, genau wie der Körper, hin und wieder eine Erfrischung. Lebenslust entsteht nicht nur durch irdische Inspirationen.

Die Schönheiten der Erde, die Wunder des Himmels, gute Musik, inspirierende Kunst, all das beeindruckt uns zutiefst. Doch wir suchen noch etwas anderes, das uns auf Dauer zufriedenstellt.

Es gibt einen Spruch, der diese Sehnsucht stillt und den Geist erquickt:

*Wer aber von dem Wasser trinkt,*
*das ich ihm gebe,*
*der wird in Ewigkeit nicht wieder durstig werden,*
*sondern das Wasser, das ich ihm gebe,*
*wird in ihm zu einem Wasserquell werden,*
*der zu ewigem Leben sprudelt.*
Johannes 4,14

Diese Worte sagen, daß wir Menschen in der lebensspendenden Botschaft Jesu dauerhafte Befriedigung für jedes geistige Verlangen finden. Sie eröffnet uns verborgene Quellen des Unterbewußtseins und führt uns zu den Tiefen unserer Seelen, wo wir Gott antreffen. Es entsteht ein unaufhörlicher Quell erfrischender Inspiration. Unsere Gedanken werden, sozusagen automatisch, belebt. Wir sind nie wieder durstig.

Streß ist eine der schlimmsten Ursachen für Depressionen. Dauernde Schnellebigkeit und überstürztes Denken verbrauchen viel Energie und enden meist in Erschöpfung und Lustlosigkeit. In diesem Geisteszustand brauchen wir absolute Ruhe, damit die Spannung nachlassen kann.

Versuchen Sie Ihre Gedanken mit den nachfolgenden Worten zu beruhigen:

*Laßt ab und erkennt,*
*daß ich Gott bin.*
Psalm 46,10

Hinter diesem Vers verbirgt sich eine wirksame Entspannungsmethode. ›Laßt ab‹ – das bedeutet, die Aktivität bremsen, die überstürzte Hektik abbauen, sich beruhigen, langsamer gehen und sprechen; oder einmal gar nicht gehen und sprechen. Sitzen Sie still, entspannen Sie sich, und genießen Sie die Gelassenheit. In Ihrer momentanen Aufregung können Sie keine produktiven und klaren Gedanken fassen und sind unfähig, Ihre Aktivität neu zu gestalten. Erst wenn Ruhe in Ihr Leben einkehrt, ist Platz für den bedeutendsten aller Gedanken: dann werden Sie erkennen, daß »ich Gott bin« – d. h. daß sie zu allem fähig sind und daß die Welt nicht auf Ihren Schultern lastet. Die ganze Weisheit besteht darin, Ihr Bestes zu geben und den Rest Gott zu überlassen. Mit dieser ›Eigentherapie‹ kehren Energie und Lebenskraft zurück.

Eine wirksame Maßnahme zur Verbesserung der Stimmung ist der Umgang mit Menschen, die positive Gedanken in Ihr Leben bringen. Durch Beziehungen zu negativen Menschen werden Sie zwangsläufig mit Pessimismus und Schwermut infiziert. Eine pessimistische Einstellung, voller Zweifel und Hoffnungslosigkeit, wird sich in Ihrem Bewußtsein ausbreiten und Ihr Leben verdunkeln.

Hier finden Sie das Gegenteil:

*Denn wo zwei oder drei versammelt sind*
*in meinem Namen,*
*da bin ich mitten unter ihnen.*
Matthäus 18,20

Arrangieren Sie regelmäßige Treffen mit Gleichgesinnten, wo Sie mit Menschen nachdenken, reden und beten, die wie Sie eine tiefere Beziehung zu Jesus Christus suchen. Sie werden dabei eine Ihrer schönsten Lebenserfahrungen machen. Sie spüren, daß Jesus Christus in der Mitte einer solchen Gruppe weilt, und Sie erleben eine unbeschreibliche Freude, die Ihnen neuen Schwung verleiht. Versuchen Sie auch, bei Ihrer nächsten Einladung oder wenn Sie sich mit Freunden unterhalten, das Gespräch auf geistige Gemeinsamkeiten zu lenken. Sollten Sie nur wenig Menschen kennen, die Ihre Gesinnung teilen, dann suchen Sie welche in der Kirche. Sie werden dort gute Freunde finden.

Versuchen Sie, ein Gefühl der Unbesiegbarkeit zu entfalten und Sie werden immer guter Dinge sein. Lassen Sie sich nicht von den Gegebenheiten und Bedingungen des täglichen Lebens überwältigen, verwirren oder besiegen, sonst wird Ihr Lebensgeist allmählich versiegen. Das Geheimnis liegt darin, das Leben auf geistigem Verständnis, Glauben und Frömmigkeit aufzubauen, und nichts wird Sie so schnell aus dem Gleichgewicht bringen.

In diesem malerischen und ausdrucksstarken Bibeltext finden wir folgende Beschreibung:

*Darum, wer diese meine Rede hört und tut sie,*
*den vergleiche ich einem klugen Mann,*
*der sein Haus auf einen Felsen baute.*
Matthäus 7,24

Man soll Jesu Christi Worte akzeptieren und danach leben, um so zu werden wie der weise Mann, der sein Haus auf einen Felsen baute, gegen den die Stürme vergeblich tosen. Haben Sie nie unerschütterliche Menschen wie diesen kennengelernt? Man erkennt sie an ihrer inneren Ruhe, ihrer Stärke, ihrem Mut und ihrer Weisheit. Mit diesen Eigenschaften wehren sie alle Stürme des Lebens ab. Wahrscheinlich fühlten sich auch diese Menschen, genau wie Sie, einmal schwach und von all den Schwierigkeiten besiegt. Doch sie hörten auf Gott, und er gab ihnen Kraft. Er hilft auch Ihnen. Sie müssen nur ›hören‹ und ›tun‹, was Christus sagt. Sie werden staunen, wie wohl Sie sich fühlen.

Die Freude am Leben nimmt zu, wenn wir lernen, all die guten Dinge, die Gott für uns bereithält, entgegenzunehmen.

Diese Wahrheit offenbart sich in folgenden Zeilen:

*Und ich sage euch auch:*
*Bittet, so wird euch gegeben;*
*suchet, so werdet ihr finden;*
*klopfet an, so wird euch aufgetan.*
*Denn wer da bittet, der nimmt;*
*und wer da sucht, der findet;*
*und wer da anklopft, dem wird aufgetan.*

Lukas 11,9;10

Beachten Sie, daß auf ›bitten‹ unmittelbar ›geben‹ folgt; direkt nach ›suchen‹ steht ›finden‹; und hinter ›klopfen‹ kommt ›auftun‹. Dadurch soll deutlich werden, daß jeder, der bittet, auch etwas bekommt und jeder, der sucht, etwas findet und allen, die klopfen, wird eine Tür geöffnet. Bitten Sie inständig um etwas, und stellen Sie sich gleichzeitig vor, es zu empfangen. Suchen Sie und vertrauen Sie darauf zu finden. Klopfen Sie an und glauben Sie daran, daß Gott Ihnen öffnet.

Lernen Sie zu nehmen und auf Gottes Gnade zu vertrauen. Genießen Sie die Freude, wenn sich Ihre Wünsche tatsächlich erfüllen.

Zur Erhaltung der Lebensfreude ist eine allgemeine Regeneration und Belebung von Körper, Geist und Seele unerläßlich. Schwäche ist der beste Nährboden für Erschöpfung und in erschöpftem Zustand fühlen wir uns leer und ausgepumpt.

Die wahre Erholung liegt im Schlaf. Daher ist es unsagbar wichtig, daß man gut schlafen kann.

Diese kleine Perle aus den Psalmen ist eine wirksame Formel für erholsamen Schlaf:

*Ich liege wach und schlafe und erwache;*
*denn der Herr hält mich.*
Psalm 3,6

Mit wenigen und einfachen Worten wird ein wunderbares Bild beschrieben. Es zeigt einen Menschen, der sich am Abend einfach niederlegt und einschläft. Das sensible Nervensystem beginnt, mit der Natürlichkeit eines Kindes sofort sich zu erholen. Und dann heißt es in dem Psalm ›ich erwache‹. Stellen Sie sich nun das Bild eines Menschen vor, der nach dem Erwachen sofort munter ist und bereit, den Tag zu beginnen. Er steckt voller Tatendrang, denn er weiß, daß Gott ihn die ganze Nacht bewacht, gehalten und beschützt hat.

Wenden Sie diesen Text heute abend an, wenn Sie zu Bett gehen. Finden Sie erholsamen Schlaf, und erwachen Sie mit neuer Frische.

Lernen Sie, Ihren Zorn zu beherrschen. Sie werden mit mir übereinstimmen, daß ein kluger Mensch seine Wut nie ausleben würde, denn er weiß, wie negativ sich diese Gefühle auf sein Leben und auf zwischenmenschliche Beziehungen auswirken.

Durch Zorn wird das Denken gehemmt. Wer in helle Wut gerät, verbraucht dabei so viel Energie, daß er nach diesem ›Sturm‹ völlig kraftlos zurückbleibt. Ein Gefühl von Hoffnungslosigkeit und Mattheit ist das Resultat.

Dabei ist ständig brodelnder und kochender Ärger durch den dauernden Energieverlust erheblich schlimmer als ein einmaliger, wenn auch heftiger Wutausbruch.

Glücklicherweise gibt es eine wirksame Methode zur Besänftigung solcher Emotionen. Man benötigt anfangs viel Geduld, aber wer die Technik einmal beherrscht, wird von der positiven Kraft der Selbstbeherrschung überrascht sein:

*Eine sanfte Antwort*
*beschwichtigt den Grimm;*
*aber ein kränkendes Wort*
*ruft Zorn hervor.*
Sprüche 15,1

Wiederholen Sie diese Worte das nächste Mal, wenn Sie wütend sind, und achten Sie auf die beruhigende Wirkung. Dieser Vers ist ein goldener Schlüssel zur erfolgreichen Gestaltung zwischenmenschlicher Beziehungen und leistet einen der bedeutendsten Beiträge zur Steigerung der Lebensfreude.

Der menschliche Geist braucht wie die gute Erde von Zeit zu Zeit Erquickung, damit das Leben nicht langweilig, unfruchtbar und trostlos wird.

Um dem vorzubeugen oder entgegenzuwirken, sollten Sie sich Gedanken über diesen Spruch machen:

*So tut denn Buße und bekehret euch,*
*damit euch eure Sünden vergeben werden,*
*auf daß Zeiten der Erquickung vom Angesicht*
*des Herrn kommen.*

Apostelgeschichte 3,19

Die Erde leidet sehr unter Dürrezeiten, die manchmal Monate, in extrem trockenen Regionen sogar Jahre dauern. Durch die Trockenheit entstehen Sandsturm- und Wüstengebiete. Doch plötzlich kommt der kühle, frische Regen, und es geschieht ein Wunder: die Erde erneuert sich. Das meint der Text mit ›Zeiten der Erquickung‹. Ein ähnlicher Vorgang spielt sich im menschlichen Dasein ab.

Durch falsche Gedanken und Missetaten verläßt uns das angenehme Gefühl geistiger und seelischer Frische, und wir glauben vor Staub, Dürre und Leblosigkeit fast zu ersticken.

Legen Sie Ihr Leben in Gottes Hand, und ändern Sie Ihr Denken, »auf daß Zeiten der Erquickung vom Angesicht des Herrn kommen«. Wie angenehm, frisch und rein das Leben wird! Es ist, als hätte man nie wirklich gelebt.

Was gibt Ihnen neuen Mut, wenn Sie sich am Boden zerstört und leer fühlen? Wird Ihnen das Leben manchmal fast zu viel? Lernen Sie ein hervorragendes Mittel zur Regeneration des Wohlbefindens kennen:

*Er verleiht dem Ermatteten Kraft*
*und gewährt dem*
*Ohnmächtigen Stärke und Fülle.*
Jesaja 40,29

Ich kannte Menschen, denen jede Lebenskraft fehlte. Durch diese Worte wurden sie auf erstaunliche Weise wiederbelebt. Die Energiequelle unserer Erde heißt Gott: er läßt die Sonne scheinen, die Pflanzen gedeihen und die Menschen glücklich leben. Wenden Sie sich an ihn, er gibt Ihnen soviel Energie und Kraft, wie Sie brauchen – physisch, emotional und geistig. Wenden Sie die nachstehende Übung mindestens einmal täglich, vielleicht sogar zweimal oder öfter an:

Legen Sie sich hin, und entspannen Sie sich. Stellen Sie sich vor, daß der Herr Sie berührt und Ihnen seine unermeßliche Stärke überträgt. Wenn Sie Ihr ganzes Vertrauen in diese Übung legen, werden Sie bald neue Kraft spüren.

Um Freude am Leben zu behalten, ist es wichtig, daß man die Fähigkeit zur geistigen Hingabe entwickelt – das heißt, die Fähigkeit, sein Leben, alle Wünsche, Hoffnungen und Absichten in Gottes Hand zu legen. Sie sollten natürlich trotzdem Ihre ganze Kraft und Energie für das tägliche Leben und die gesteckten Ziele einsetzen.

Bekennen Sie sich demütig zu Ihrer Abhängigkeit von Gottes Führung, und versuchen Sie, in Einklang mit Gottes Wille zu leben.

Folgender Bibelspruch verdeutlicht diese Geisteshaltung:

*So demütigt euch denn*
*unter die gewaltige Hand Gottes,*
*damit er euch zu rechter Zeit erhöhe:*
*alle eure Sorgen werft auf ihn,*
*denn er sorgt für euch.*

I. Petrus 5,6;7

Sie lesen hier, man soll sich Gottes Führung unterwerfen und sich von seiner starken Hand leiten lassen, damit er uns erhöhe – das heißt, uns hilft, die Ziele zu erreichen und über Mißerfolgen zu stehen.

Lernen Sie, Gott alle Sorgen zu übertragen, und seien Sie glücklich darüber, daß er für Sie sorgt. Es wird Sie erleichtern.

Für Menschen, die den Weg zu einem erfolgreicheren Leben suchen, gibt es nur einen Rat: Versuchen Sie, Gott zu finden. Ein Arzt erzählte mir, daß der Großteil seiner Patienten keine Medizin sondern Gott brauche.

Und Tolstoi sagte: »Gott zu kennen, heißt das Leben kennen.«

Wo aber findet man Gott? Die Antwort ist sehr einfach:

*Und wenn ihr mich sucht,*
*sollt ihr mich finden;*
*ja, wenn ihr dann von ganzem Herzen*
*Verlangen nach mir tragt.*

Jeremia 29,13

Wiederholen Sie diese Worte so oft, bis Sie davon überzeugt sind, daß Gott in Ihr Leben treten wird, wenn Sie es von ganzem Herzen wünschen.

Gott kommt und hilft Ihnen in dem Augenblick, in dem Sie danach verlangen, ihm alle Entscheidungen über Ihr Leben, das Ihrer geliebten Mitmenschen, Ihren Beruf, Ihre Sorgen und Ihre Gesundheit zu überlassen.

Zeig mir jemand, der Gott gut kennt, und ich zeig' dir einen glücklichen, lebensfrohen und vitalen Menschen.

So viele Menschen fürchten sich. Angst ist eine schwere Krankheit. In der Bibel finden wir eine große Auswahl von Versen, die sich gegen die Angst richten. Einer davon lautet:

*Der Herr ist mein Licht und mein Heil;*
*vor wem sollte ich mich fürchten?*
*Der Herr ist meines Lebens Schutzgewehr;*
*vor wem sollte mir grauen?*

Psalm 27,1

Dieser Vers zeigt, daß Furcht meist im Verborgenen lauert. Sie gedeiht in der Dunkelheit. Dunkle Gedanken sind der beste Nährboden für schlimme Ängste. Erleuchten Sie die Dunkelheit, und die Ängste werden verschwinden. Erhellen Sie Ihre Gedanken durch den Glauben an Gottes Gegenwart, und befreien Sie sich von der Furcht.

Ängste entstehen auch, wenn man sich schwach fühlt. Schwache Menschen sind immer ängstlich. Denken Sie an Gott, und vertrauen Sie ihm. Dieser Glaube gibt Ihnen Sicherheit und Stärke. Das Resultat ist: Sie werden sich vor nichts mehr fürchten.

Ärger und Depressionen sind nicht selten auf böse Gedanken oder Taten zurückzuführen. Schlechtes Denken und Handeln stellen eine große Belastung dar, Schlaflosigkeit und Erschöpfung folgen. Demgemäß läßt auch die Lebensfreude nach.

Beunruhigten und unglücklichen Menschen habe ich in diesem Fall oft geraten, sich mit folgendem Gedanken zu befassen:

*Aber die Gottlosen sind wie das aufgewühlte Meer,*
*das ja nicht zur Ruhe kommen kann und*
*dessen Wasser Schlamm und Schmutz aufwühlt.*
*›Keinen Frieden‹, spricht mein Gott,*
*›haben die Gottlosen.‹*

Jesaja 57,20;21

Man verursacht das seelische Durcheinander selbst. Das Wasser der Seele verfärbt sich dunkel. Es kann keinen inneren Frieden geben, bevor man sein Inneres nicht einer gründlichen Reinigung unterzogen hat.

Doch Sie können diesen Zustand ändern. Reinigen Sie die Gedanken, indem Sie um Vergebung bitten. Der ›Mächtige Medizinmann‹ wird Sie heilen.

Die Seele ist ruhelos, bis sie Frieden in Gott findet.

Einer Versuchung aus Schwäche nachzugeben, kann Depressionen hervorrufen. Denn es ist nicht möglich, einer Versuchung zu unterliegen und dabei nicht im gewissen Grad an Selbstachtung zu verlieren.

Solche Niederlagen enden nicht selten in geistigem Stumpfsinn. Wir können dieses reine Glück, sich selbst in der Gewalt zu haben, nicht mehr empfinden. Je öfter wir Versuchungen unterliegen, desto weniger Freude haben wir am Leben.

Es gibt eine Methode, der Versuchung standzuhalten:

*Bisher hat euch noch keine andere*
*als menschliche Versuchung betroffen;*
*und Gott ist treu:*
*er wird euch nicht über euer Vermögen*
*versuchen lassen,*
*sondern zugleich mit der Versuchung auch*
*einen solchen Ausgang schaffen,*
*daß ihr sie bestehen könnt.*

I. Korinther 10,13

Sie müssen nie wieder eine moralische Niederlage erleiden. Wenn Sie in Versuchung geraten, gibt es immer eine Möglichkeit, ihr zu widerstehen.

Bitten Sie Gott um Hilfe, und vertrauen Sie ihm. Handeln Sie nach bestem Wissen, daß Ihr Tun mit dem Willen Gottes übereinstimmt.

Der Sieg über die Versuchung wird Sie sehr glücklich machen und Ihrem Leben neuen Schwung geben.

Sie machen eine ungewöhnliche, wundervolle Erfahrung, indem Sie Gott im Herzen tragen, die Lehren Christi befolgen und vertrauensvoll in die Zukunft blicken. In Ihrem Innersten wächst das unmißverständliche Gefühl, bewacht, beschützt und geführt zu werden. Es wird mannigfache Beweise dafür geben, und es bleibt kein Zweifel bestehen, daß Gott über Ihnen schwebt. Prägen Sie sich folgende Worte gut ein, und erleben Sie die Freude, unter Gottes Obhut zu stehen.

*Denn seine Engel wird er für dich entbieten,*
*dich zu hüten auf all deinen Wegen.*
Psalm 91,11

Je sicherer Sie sich fühlen, desto näher rückt die göttliche Wahrheit, daß nichts auf der Welt Sie verletzen kann. Weder Schmerz, noch Not, Feindseligkeit oder Tod kann Ihnen Leid zufügen, denn Gott schützt Sie auf all Ihren Wegen. Er übersieht nichts und löst sein Versprechen ein, Sie stets mit Liebenswürdigkeit zu umgeben.

Genießen Sie das Leben und das Glück, daß Gott Ihr Beschützer ist.

Oft sind ungelöste Konflikte die Ursache für eine bedrückte Stimmung. Einerseits quält uns ein hartnäckiges Gefühl der Unvollkommenheit, andererseits sind wir von Natur aus ständig um Vollständigkeit und Vollkommenheit bemüht. Wir sind stets auf der Suche nach Heilung für unsere Seelen. Durch diese unglückliche Spaltung der Persönlichkeit können erhebliche psychische und emotionale Probleme auftreten. Jesus Christus ist der beste Arzt zur Heilung der Persönlichkeit, er gibt uns Einigkeit und Vollkommenheit.

Dies wird in einem wunderschönen Bibelspruch beschrieben.

*Und wo er in Dörfern oder Städten*
*oder Geschäften einkehrte,*
*da legten sie die Kranken auf die freien Plätze hin*
*und baten ihn,*
*daß sie auch nur die Quaste seines Mantels*
*anrühren dürften;*
*und alle, die ihn anrührten, wurden gesund.*
Markus 6,56

Um die heilende Kraft von Jesus zu spüren, müssen Sie nur von ganzem Herzen wünschen, daß er Sie berührt. Geben Sie sich Ihrem Verlangen bereitwillig hin. Er wird diesen ersten, wenn auch zaghaften Schritt erwidern und seine wunderbare Berührung macht Körper, Geist und Seele gesund.

Unternehmen Sie den Versuch, und Sie werden bald ein verbessertes Wohlbefinden feststellen, denn Sie fühlen sich vollkommen.

Den Kampf des Lebens erfolgreich zu führen ist eine Kunst, die wir erst lernen müssen. Zwei Verse aus dem sechsten Kapitel der Epheser weisen uns den Weg.

*In allen Lagen ergreifet den Schild des Glaubens,*
*mit dem ihr alle feurigen Pfeile*
*des Bösen werdet auslöschen können.*
*Nehmet auch den Helm des Heils*
*und das Schwert des Geistes,*
*nämlich das Wort Gottes.*

Epheser 6,16;17

Früher, als die Krieger Pfeile benutzten, diente der Schild zum Schutz des Herzens. Als Symbol und Mittelpunkt des Lebens muß das Herz vor Angriffen geschützt werden. Stärken Sie Ihr Herz durch den Glauben.

Tragen Sie auch den Helm des Heils. So wie die Ritter im Kampf ihr Haupt schützten, müssen wir unseren Geist gegen erfolgswidrige Haltungen schützen – negatives Denken, Pessimismus, boshafte Gedanken und Haß. Der Geist soll rein und voll positiver Ideen sein.

Ergreifen Sie das Schwert, Gottes Wort, und schlagen Sie die Feinde des glücklichen Lebens – falsches Denken und Handeln – in die Flucht.

Mit diesen Waffen werden wir den Kampf des Lebens gewinnen. Das Wissen um diese Stärke gibt uns anhaltende Lebenskraft.

Das Gefühl von Schalheit und Leere entsteht aus einer Erschöpfung der geistigen Inspiration. In diesem energielosen Zustand gedeihen Spannung, Streß, Unzufriedenheit und Frustration. Doch es gibt einen Ausweg. Sie finden ihn in einem berühmten Bibeltext.

*Auf grünen Auen läßt er mich lagern,*
*zur Ruhstatt am Bache leitet er mich.*

Psalm 23,2

Jeder, der schon einmal ein Wüstengebiet bereist hat, war tief beeindruckt, als er plötzlich auf grünes Grasland stieß. Fruchtbare, saftige Auen ersetzten das trokkene und dürre Erdreich. Wodurch kommt dieser gewaltige Unterschied zustande? Die Antwort lautet, durch lebenspendendes Wasser. Wenn das Wasser des Lebens durch unseren Körper fließt, verwandelt sich die Dürre unseres Geistes und unseres Herzens in eine grüne Au.

In dieser Beschreibung der ›Ruhestatt am Bach‹ spiegelt sich das Leben am besten wider. Friede und tiefes Verständnis entfalten ihre Kraft.

Der Seelenfriede wird wiederhergestellt. Wir sind entspannt und entdecken neues Leben und neue Vitalität. Befassen Sie sich intensiv mit diesem Text, denn er schenkt Ruhe und gute Laune.

Menschen, die über Mutlosigkeit klagen, sind meist vollkommen überlastet. Ihnen fehlt der starke Halt durch Gott, darum fehlt ihnen Disziplin. Sie überlassen sich sowohl ihrem Zorn als auch anderen schlechten Gewohnheiten wie Haß, Furchtsamkeit und Sündhaftigkeit.

Doch niemand hat Freude an so einem Charakter. Diese Menschen verachten sich oft selbst für ihre Schwäche. Sie besitzen einfach nicht die innere Kraft, um Disziplin und Selbstbeherrschung zu entfalten. Sie haben weder Kontrolle über sich selbst noch über ihre Probleme. Sie fühlen sich vom Leben im Stich gelassen und sind enttäuscht.

Folgende Worte helfen, jener unglückseligen Lebenshaltung entgegenzuwirken.

*Wer da überwindet,*
*soll dies alles ererben,*
*und ich will sein Gott sein,*
*und er soll mein Sohn sein.*
Offenbarung 21,7

Das Geheimnis verbirgt sich hinter dem Gedanken, daß wir alle Gottes Kinder sind. Gott ist Ihr Führer, und er hilft Ihnen mit seiner Stärke, eigene Kraft zu entwickeln. Mit dieser Kraft werden Sie überwinden, anstatt überwunden zu werden.

Die positiven Dinge des Lebens werden Ihnen nicht mehr davonlaufen, sondern Ihnen zufliegen, und es ist tatsächlich, als würden Sie alle Fähigkeiten ›ererben‹. Das Leben wird Ihren Erwartungen entsprechen. Und das Resultat ist auch hier ungetrübte Lebensfreude.

Ein weiterer Grund für Niedergeschlagenheit ist oft unsere Angst vor der Zukunft. Diese Furcht bezieht sich meist auf zukünftiges Wohlergehen sowie finanzielle Versorgung. Dadurch entwickelt sich eine Unsicherheit, die nicht zur Gewohnheit werden sollte, sonst verlieren Sie die Lust am Leben.

Unser Herz wird aber jubeln, wenn wir wissen, daß für uns gesorgt wird, daß alles in Ordnung sein wird. Die finstere Zukunft wird von unserer Hoffnung erhellt.

Sie tun gut daran, wenn Sie sich folgenden Spruch aus der Bibel gut einprägen.

*Mein Gott aber wird euch nach seinem Reichtum*
*alles, was ihr bedürft,*
*in Christus Jesus in herrlicher Fülle geben.*
Philipper 4,19

Dieses Versprechen vermittelt Ihnen Sicherheit. Wenn wir unseren Teil beisteuern, ein rechtes Leben führen und am Glauben festhalten, wird Gott für unsere Bedürfnisse Sorge tragen. Das schließt sowohl materielle, als auch geistige und psychische Belange ein. Gottes Reichtümer sind unerschöpflich, genug für uns alle. Sein Gesetz der unbeschränkten Versorgung gilt für alle gleichermaßen. Wenn wir nur unser Vertrauen in seine Güte setzen und nach seinen Grundsätzen leben, müssen wir nie wieder vergeblich um eine Notwendigkeit bitten.

Verlassen Sie sich darauf, und die Furcht wird zu Vertrauen.

Trauer um einen geliebten Menschen lastet schwer auf unserer Lebensfreude. Oft hat ein Trauernder das Gefühl, der verlorene Mut und die Freude würde nie wieder zurückkehren.

Doch das Leben geht weiter, und wir müssen weiterleben. Und wenn der Verstorbene gar kein beherzter, mutiger und gläubiger Mensch war, fühlt man sich vielleicht in gewissem Sinne unaufrichtig.

Dieser Text hat der Menschheit mehr Heil gebracht und mehr Trost gespendet, als irgendein anderer Beitrag der Weltliteratur.

*Ich bin die Auferstehung und das Leben;*
*wer an mich glaubt,*
*wird leben, wenn er auch stirbt.*
Johannes 11,25

Was für eine herrliche Botschaft – Jesus Christus lebt und alle, die an ihn glauben, werden auch leben. Der von uns geliebte und totgeglaubte Mensch ist gar nicht tot, er lebt und wird für immer mit uns in Verbindung stehen, indem er mit der vertrauten Liebe und Zärtlichkeit über uns wacht.

Diese Botschaft macht uns so glücklich, daß wir es am liebsten von den Dächern rufen möchten: Wir leben weiter durch den Glauben an Jesus Christus! Falls Sie über den Verlust eines geliebten Menschen traurig sind, wiederholen Sie diesen Text immer wieder. In Kürze werden sich die Schatten der Trauer auflösen, und das Licht eines neuen Tages wird Ihre Sinne erhellen.

Der folgende, unsterbliche Ausspruch enthält drei gute Gründe für ein lohnendes Leben.

*Nun aber bleiben Glaube, Hoffnung,*
*Liebe (Nächstenliebe), diese drei;*
*am größten aber unter ihnen ist die Liebe*
*(Nächstenliebe).*

I. Korinther 13,13

Drei Gründe also, mehr Freude am Leben zu haben. Das erste ist der Glaube – der Glaube an Gott und seinen Sohn; dazu kommt der Glaube an sich selbst, seine Mitmenschen und das Leben. Glaube ist die höchste Macht dieser Erde, und sie gehört uns. Das nächste ist die Hoffnung – der erwartungsvolle Blick in eine gute Zukunft, die neue Möglichkeiten für uns bereithält. Vertrauen Sie auf diese Hoffnung, und sie wird Wirklichkeit. Als letztes wird die Liebe genannt – eine tief im Herzen verwurzelte Liebe und guter Wille, der Haß und Groll ausschließt. Wahrhaftig ist dies die beste aller menschlichen Eigenschaften. Sie umfaßt Mitgefühl, Erbarmen, Verständnis und den Wunsch, anderen Menschen zu helfen. Christliche Nächstenliebe ist ein Quell der Freude. Lassen Sie die drei wie Sterne am Himmel über Ihrem Leben leuchten und Ihre Lebenskraft erhöhen.

# Teil 5

# Entspannen Sie sich

Jede Woche schreiben mir Hunderte von Menschen, die meine Bücher gelesen oder meine Radio- und Fernsehsendungen gehört haben. Anhand dieser Briefe stelle ich mit Erschrecken fest, wie viele Menschen von Anspannung, innerer Unruhe und Nervosität berichten. Ich frage mich dann, ob diese Generation vergessen hat, wie man sich ausruht oder Aufregung vermeidet. Unser Herr, Jesus Christus, kam zu den Menschen, um über die Fülle des Lebens zu lehren. Um ein reiches Leben zu führen, braucht man geistigen Frieden und etwas noch viel Wichtigeres – Seelenfrieden. Nur durch inneres Gleichgewicht, geistige und psychische Gelassenheit kann man den krankhaften Folgen dieses hektischen Lebens vorbeugen. Solange Sie sich ein inneres Zentrum der Ruhe bewahren, wird es Sie mit derjenigen Kraft versorgen, die Sie benötigen, um standhaft und erfolgreich zu sein – und wenn auch noch so viele Stürme über Ihr Leben hereinbrechen.

Die Entspannung, die wir lehren, dient nicht dem Zweck, in selbstsüchtigen Gleichmut zu verfallen und sich vom Leben zurückzuziehen, indem man sich in einen isolierten Elfenbeinturm verkriecht. Wir lehren Entspannung des Körpers, des Geistes und der Seele, um den Aufgaben und Möglichkeiten des Lebens vital entgegentreten zu können – ohne sich dabei selbst zugrunde zu richten. Denn nur der entspannte Mensch ist fähig, ein erfolgreiches Leben zu führen.

Hier finden Sie einzelne Punkte zur Anwendung der ganzheitlichen Entspannung:

1. Lesen Sie den fünften Teil des Buches von Anfang bis Ende, ohne Unterbrechung. Sie erhalten so einen Überblick über Sinn und Zweck dieser Seiten.

2. Wählen Sie das Kapitel, von dessen Inhalt Sie sich persönlich am meisten angesprochen fühlen. Lesen Sie dieses Kapitel ein zweites Mal, und befolgen Sie die jeweiligen Anweisungen, Schritt für Schritt. Denken Sie bitte daran, daß dies kein ›Lesebuch‹, sondern ein reines ›Übungsbuch‹ ist. Wenn Sie gute Resultate damit erzielen möchten, sollten Sie die darin empfohlenen Übungen auch aufmerksam durchführen.

3. Als nächstes sollten Sie die einzelnen Kapitel, Tag für Tag, nacheinander noch einmal durchgehen. Wir haben dafür eine Zeit von zwei Wochen berechnet. Danach sollten Sie neue Einsichten gewonnen haben, die Ihnen helfen, das emotionale Empfinden zu verbessern.

4. Für diejenigen, die nicht bereit sind, ihre Nervosität zuzugeben, die sich für ruhig und ausgeglichen halten, mögen unsere Anregungen dennoch wertvoll sein. Verwenden Sie das Buch als eine Art abendliches Gebetbuch oder für ein morgendliches Geistestraining. So hilft es Ihnen, innere Anspannung, auch in Zukunft, fernzuhalten.

5. An dieser Stelle möchte ich betonen, daß ich mir – wie in meinen anderen Büchern auch – Mühe gab, mich in einem leicht verständlichen Umgangston auszudrücken und die herkömmliche, religiöse Ausdrucksweise zu vermeiden. Das bedeutet jedoch nicht, daß wir den Lehren Jesu Christi nicht die angemessene Hochachtung entgegenbringen. Wir hatten vielmehr den Wunsch, seine Gebote für alle Menschen verständlich zu machen, denn viele sind vermutlich nicht vertraut mit der sogenannten Kirchensprache.

6. Je stärker Ihr Glaube an Christus ist und je vertrauensvoller Sie sich seiner Führung hingeben, desto ausgeglichener, ruhiger und entspannter werden Sie. Jesus verkündete die reine Wahrheit, als er sprach: »Kommt zu mir, …, und ich werde euch Ruhe geben.«

## Leeren Sie Ihren Geist

Jeder zweite Mensch hat die Gewohnheit, die Taschen zu leeren, bevor er sich seiner Kleider entledigt. Ich persönlich stehe dabei gerne neben einem Papierkorb, um vom Inhalt meiner Hosentaschen so viel wie möglich wegzuwerfen: Notizen, Papierfetzen, ausgeführte Anweisungen und irgendwelchen Schnickschnack. Erleichtert befördere ich diese Dinge in den Müll. Eines Nachts kam mir der Gedanke, meinen Kopf so zu leeren, wie ich es mit den Taschen gewöhnlich mache. Wir erleben tagsüber so manches. Dabei sammelt sich einiges an: eine unbedeutende Sorge, ein kleiner Haß, einige Ärgernisse, vielleicht sogar Schuldgefühle. Man sollte sich jeden Abend von der Belastung dieser Gefühle befreien, damit kein Stau entsteht.

Und wie entfernt man Gedanken? Ich mache Ihnen folgenden Vorschlag: Stellen Sie sich vor, Ihr Kopf sei ein Waschbecken mit einem Stöpsel in der Mitte. Entfernen Sie diesen Stöpsel, und ›beobachten‹ Sie, wie der ganze Ballast durch den Abfluß verschwindet. Verschließen Sie dann den Abfluß wieder, und füllen Sie Ihren Kopf mit reinen, heilsamen, guten Gedanken. Achten Sie darauf, daß kein schlechter Gedanke zurückbleibt. Was Sie einmal beseitigt haben, sollte nicht mehr zurückkehren. Wenn Ihre Gedanken versuchen, wieder zu den alten Dingen zu schweifen, verhindern Sie es, indem Sie sagen: »Diese Dinge sind durch Gottes Gnade endgültig vorbei, und ich werde mich nicht mehr damit befassen.«

Als ich eines Abends nach Hause kam, fand ich meine Frau vor – wie immer die perfekte Hausfrau –, als sie gerade damit beschäftigt war, einen neuen Staubsaugeraufsatz auszuprobieren. Sie zeigte mir das langarmige Teil, das dazu dient, Staub aus den Ecken zu saugen. Während ich diese mechanische Vorrichtung bewunderte, hatte ich plötzlich eine Idee. Ich stellte mir einen geistigen Mechanismus vor, den man benutzen könnte, um die Gedanken zu reinigen und den ›Staub‹ zu entfernen.

Also entwickelte ich ein Gebet mit der Wirkung eines Staubsaugers: »Lieber Gott, entferne jetzt mit deiner Macht den Staub des Lebens aus meiner Seele, der sich in den unsichtbaren Ritzen und Spalten angesammelt hat.«

Probieren Sie es aus. Nach diesem Gebet werden Sie Reinheit und inneren Frieden empfinden. Eine andere Methode ist die Vorstellung, man würde seinen eigenen Geist mit den Fingern berühren und die unglücklichen Gedanken nacheinander herausholen. Sprechen Sie sich dabei vor: »Ich nehme jetzt diese Angst, dieses Vorurteil, diesen Haß und all die unreinen Gedanken heraus und werf' sie fort.« Wenn Sie sich davon befreit fühlen, sagen Sie: »Jetzt denke ich an die reinen Gedanken von Jesus Christus. Ich bejahe Gottes Liebe und die Güte des Herrn.« Noch bevor Sie den Vorgang beendet haben, wird der gütige Vater Sie mit seinem Frieden umhüllen, denn er sieht es gerne, wenn seine Kinder so gut mit sich umgehen.

## Lösen Sie die Verkrampfung Ihrer Muskeln

Um sich wirksam auszuruhen, sollten Sie wissen, wie man verkrampfte Muskeln löst.

Eine gute Möglichkeit ist edelmütiges Denken. Wenn Sie sich ›falsch behandelt‹ fühlen, denken Sie großzügig darüber, und spüren Sie, wie ruhig Sie sich dadurch fühlen. Boshafte Gedanken erzeugen Spannungen. Nachsicht hingegen wirkt sich entspannend auf das ganze Nervensystem aus.

Ergänzend empfehle ich Ihnen eine Entspannungstechnik, die von dem berühmten Psychiater Dr. Smiley Blanton entwickelt wurde (eine nähere Beschreibung dieser Methode finden Sie in dem Buch ›Aufforderung zum Glücklichsein‹ von Peale und Blanton):

1. Legen Sie sich auf ein Bett, ballen Sie die Fäuste ein paar Mal fest zusammen, und lassen Sie wieder los. Machen Sie mit den beiden Fäusten kreisende Bewegungen. Man sollte ein Körperteil, bevor man es entspannt, immer erst bewegen. Wir beginnen bei den Händen und Unterarmen, denn sie sind ein richtiges Spannungszentrum.

2. Heben Sie die geballten Fäuste in Schulterhöhe, strekken Sie die Arme, und lassen Sie die Schultern kreisen.

3. Heben Sie die Arme wieder an, und lassen Sie sie kraftlos zur Seite fallen, so als ob Sie keine Kontrolle über die Muskeln hätten. Je kraftloser Sie die Übung machen, desto besser können sich Verkrampfungen lösen.

4. Stellen Sie die Fußspitzen auf, ohne dabei die Beine zu bewegen. Dehnen Sie die Zehen zuerst so weit wie möglich in Richtung Kopf und dann entgegengesetzt, so weit wie möglich weg vom Körper. Diese Übung sorgt für Bewegung der Unterschenkel.

5. Ziehen Sie ein Knie so nah wie möglich zur Brust, und strecken Sie es wieder aus. Machen Sie dann dasselbe mit dem zweiten Knie. Wiederholen Sie die Übung ein paar Mal. Trainieren Sie anschließend die Bauchmuskeln, indem Sie sich mehrmals aufsetzen und wieder hinlegen. Nehmen Sie dabei so wenig wie möglich die Hände zu Hilfe.

6. Bleiben Sie liegen, heben Sie den Kopf so weit wie möglich vom Kissen hoch, und lassen Sie ihn wieder fallen. Wiederholen Sie das Ganze ein paar Mal. Lassen Sie einen Fuß einfach über die Bettkante baumeln, und machen Sie dann dasselbe mit dem anderen Fuß.

7. Atmen Sie im Liegen mehrmals tief ein und aus. Durch tiefes Einatmen zieht sich das Zwerchfell zusammen, kräftiges Ausatmen löst Verkrampfungen.

8. Liegen Sie abschließend ruhig da. Konzentrieren Sie sich in Gedanken auf jedes einzelne Körperteil und auf eine allmähliche Entspannung der Muskeln. Sie erzielen damit eine Stufe intensiver Entspannung.

9. Ganz zum Schluß stellen Sie sich friedvolle Dinge vor: Berge, in blauen Nebeldunst gehüllt und den Gesang einer Walddrossel, ein weitentferntes Zugsignal, das zwischen den Bergen ertönt, sanftes Mondlicht auf einer hellen Wiese und das Antlitz der ewigen Liebe Gottes.

Die genannten Übungen können zu jeder Tageszeit durchgeführt und wiederholt werden. Aber sie sind auch abends vor dem Einschlafen sehr nützlich. Unzählige Menschen konnten damit einen Zustand absoluter Ruhe und Entspannung erreichen.

## Denken Sie beim Einschlafen nicht an morgen

Einmal suchte mich ein Mann auf und beklagte sich über schlechten Schlaf. Gemeinsam untersuchten wir seine täglichen Gepflogenheiten und fanden heraus, daß er abends immer Stift und Papier mit ins Bett nahm und sich Notizen für den nächsten Tag machte. Nachts entwarf er einen ausführlichen Plan für den nächsten Tag, indem er jedes Problem und jede Aufgabe genau festlegte.

Er lobte sich für die Erfindung dieser ›wirtschaftlichen‹ Methode und hielt sie für einzigartig.

Er hatte immer ein Blatt Papier und einen Stift neben seinem Bett liegen und griff nicht selten in der Dunkelheit danach, um die Gedanken zu notieren, die sein ruheloser Geist produzierte. Voller Stolz berichtete er, wie gut und leserlich er mittlerweile im Dunkeln schreiben könne.

Was hinderte ihn, ungestört zu schlafen? Es waren die Gedanken an den nächsten Tag, die er mit ins Bett nahm.

Auch wir halten viel von Wirtschaftlichkeit. Nicht umsonst heißt unser Motto: »Plane deine Arbeit, und arbeite stets nach Plan.« Doch alles zu seiner Zeit, und nachts ist sicher nicht der richtige Zeitpunkt, einen Plan zu entwerfen. Sie können uns glauben, daß Sie absolut nicht rationell handeln, wenn Sie um 23.00 Uhr schlafen gehen und nach 21.00 Uhr noch irgendwelche planenden Maßnahmen für den nächsten Tag durchführen. Ebenso sollten Sie ab 20.00 Uhr nicht mehr an morgen denken, wenn Sie ab 22.00 Uhr Nachtruhe halten wollen. Diese zwei Stunden braucht Ihr Geist, um sich zu beruhigen. An der Bewußtseinsoberfläche sorgen die Gedanken noch für Unruhe, erst wenn sie in tiefere Bewußtseinsstufen eingedrungen sind, werden sie produktiv tätig.

Wenn Sie nachts wach liegen und sich vor den Schwierigkeiten des bevorstehenden Tages fürchten, denken Sie einfach daran, daß Gott Ihnen bisher durch jeden Tag geholfen hat und daß der morgige keine Ausnahme ist. Wiederholen Sie langsam und laut die folgende Zeile aus einem alten Loblied: »Solange deine Kraft mir Glück bringt, bin ich sicher, daß sie mich auch in Zukunft leiten wird.« Diese Worte werden Sie überzeugen, daß Gottes Schutz währt, Sie werden sich sorgenfrei und entspannt fühlen.

Wiederholen Sie auch folgenden Vers:

»Jeder Tag hat an seiner eigenen Mühsal genug« (Matthäus 6,34).

Das bedeutet, Sie sollen sich nicht mit irgendwelchen bösen Vermutungen über das, was geschehen könnte, belasten. Denn wenn der gefürchtete Tag kommt, sieht vielleicht alles ganz anders aus bzw. Sie werden bis dahin wissen, wie Sie damit fertig werden, oder Gott beseitigt die Schwierigkeiten. Nehmen Sie also auf keinen Fall Ihre Ängste mit ins Bett. Lassen Sic nicht zu, daß Ihr Schlaf gestört wird, denn über Nacht können Sie sowieso nichts ändern.

Denken Sie stets daran, daß sich Ihre negative Befürchtung durch einen glücklichen Umstand ebenso zum Guten wenden kann. Gehen Sie also niemals ohne die feste Überzeugung schlafen, daß Sie es mit Gott gemeinsam schaffen, egal was Sie am nächsten Tag erwartet. Nur während einer erholsamen Nachtruhe können Sie Kräfte zur Bewältigung der bevorstehenden Aufgaben sammeln. Ruhen Sie sich unter Gottes Obhut aus. Verlassen Sie sich auf seinen Frieden. Denken Sie daran, daß sich derjenige, der Gott liebt und ihm vertraut, nicht fürchten muß.

Schlafen Sie niemals mit der Angst vor morgen ein.

## Spüren Sie Gottes Gegenwart

Ich habe viele Jahre damit zugebracht, unzählige spirituelle Techniken zu studieren und zu praktizieren, doch hat es den Anschein, als habe sich noch niemand mit den Gedanken von Bruder Lawrence, einem Heiligen aus dem Mittelalter, auseinandergesetzt. Obwohl er ein bescheidenes Leben führte und seinen Lebensunterhalt als Koch verdiente, war er ein großer Heiliger. Er fand Friede in einer Methode, die mancher als unterwürfige und eintönige Handlung abtun wird. Sein Geheimnis war, Gottes Gegenwart bewußt zu erleben.

Er lehrte den einfachen Glauben, daß Jesus Christus zu jeder Stunde des Tages oder der Nacht, unter welchen Umständen auch immer, gegenwärtig ist. Dieser Gedanke erscheint uns zunächst als leere Phantasie, doch wenn man einmal damit vertraut ist, wird aus der Vorstellung auf erstaunliche Weise Realität. Nicht nur bedeutende Heilige, sondern auch ganz gewöhnliche Menschen erkannten darin die Wahrheit. Gott ist gegenwärtig.

Stellen Sie, bevor Sie schlafen gehen, einen Stuhl neben Ihr Bett, und stellen Sie sich vor, daß Jesus Christus dort sitzt. Das ist nichts Ungewöhnliches, denn er hat gesagt: »Ich bin immer bei euch« (Matthäus 28,20). Sprechen Sie zu ihm, als würde auf dem Stuhl ein Freund sitzen. Fragen Sie ihn, was Sie wissen wollen, und erzählen Sie ihm alles, was Ihr Herz bedrückt. Überlegen Sie sich, wie seine Antwort lauten würde. Bald verschwinden alle Zweifel, und Sie sind sich seiner Anwesenheit sicher.

Der Dichter Wordsworth hatte die Gewohnheit, sich auszumalen, wie es wäre, wenn Jesus sprechen könnte – wie er dabei aussähe, wie seine Stimme klänge? Jesus erschien ihm daraufhin so wirklich, daß er den Eindruck hatte, der Herr sei sein enger Begleiter und Freund. Versuchen auch Sie immer wieder, bei Tag und vor allem bei Nacht, an seine Gegenwart zu glauben und Sie als Realität zu erleben.

Wenn Sie die Anwesenheit Christi einmal besonders dringend brauchen, lesen Sie seine Worte in der Bibel nach. Benutzen Sie hierzu das Neue Testament, in dem Sie bereits Ihnen wichtig erscheinende Stellen markiert haben. So können Sie seine Worte rasch nacheinander wiederfinden. Ich habe das oft praktiziert und jedesmal den überraschenden Eindruck gehabt, er sei anwesend – und würde wirklich zu mir sprechen. Sein Trost ist so groß und seine Nähe so greifbar, daß Sie sich total entspannt und ausgeruht fühlen.

Sollten Sie nachts oft aufwachen, empfehle ich Ihnen die Methode eines guten Freundes. Wenn er aus dem Schlaf gerissen wird, hält er es für ein Zeichen, daß der Herr ihm etwas sagen möchte, denn in entspanntem Zustand ist man empfänglicher. »Also«, sagt er, »liege ich still da und höre ihm zu. Sobald er mir die Botschaft mitgeteilt hat, schlafe ich wieder ein.« Er erzählte mir, daß ihm einige seiner besten Ideen während solch nächtlicher Unterbrechungen eingefallen sind. Das ist nicht weiter verwunderlich, denn in einem ruhigen Geist sind Gedanken wesentlich wirksamer. Das Erlebnis von Gottes Gegenwart erzeugt kreativen Gleichmut und tiefe innere Ruhe.

## Besänftigen Sie Ihre Gedanken

Zur effektiven Erholung von Körper, Geist und Seele sind ruhige Gedanken unerläßlich. John Masefield, einer der berühmtesten Dichter, fand in seinem frühen Leben eine äußerst nützliche Entspannungsübung. Nach der täglichen Arbeit ›übte er‹, sich Seelenruhe zu verschaffen. Er reduzierte nicht nur Spannungen, die sich tagsüber entwickelt hatten, sondern er bereitete sich gleichzeitig auf eine geruhsame Nacht vor. Die Betonung des Wortes ›üben‹ hat eine wichtige Bedeutung, denn den Zustand der Seelenruhe erreicht man nur mit viel Mühe. Gewohnheiten, wie zum Beispiel Aufregung, kann man mit Hilfe regelmäßiger Übung ablegen. Das disziplinierte Training wird im Glück enden.

Der erste Schritt ist, sich absolute geistige Ruhe vorzustellen. Denken Sie an die Oberfläche eines Teiches, die nicht die leiseste Spur einer Kräuselung aufweist. Der Geist muß bewegungslos und von tiefer Stille erfüllt sein. Warten Sie, bis Sie kein Geräusch mehr wahrnehmen. Suggerieren Sie sich ruhige Gedanken, Ihr Geist wird auf diese Suggestion antworten. Wiederholen Sie langsam und bedächtig folgende Worte: Ruhe, Ausgeglichenheit, Frieden. Lassen Sie die Gedanken zu stillen Orten schweifen: tiefe Wälder, einsame

Strände, eine abgelegene Landstraße, ein Bergsee bei Dämmerung. Singen oder summen Sie ein Lied mit einer harmonischen Melodie und schönen Worten, wie dieses: »Laß deine stillen Tautropfen rieseln, bis all unsere Mühen enden.«

Lernen Sie, den Frieden Christi wie ein Geschenk zu empfangen. Wiederholen Sie seine Worte auf Ihre Person bezogen:

»Frieden hinterlasse ich .......... (fügen Sie Ihren Vornamen ein), meinen Frieden gebe ich .......... (fügen Sie Ihren Vornamen ein); nicht so, wie die Welt gibt, gebe ich .......... (fügen Sie Ihren Vornamen ein), Herz erschrekke nicht und verzage nicht« (Johannes 14,27).

Der nächste Schritt zu Ruhigstellung des Geistes ist – was viele Menschen als sehr wirksam erachten – zu notieren, wie oft Sie Gottes Güte erfahren haben. Schreiben Sie es auf ein Blatt Papier, damit Sie Gottes Hilfsbereitschaft schwarz auf weiß sehen können.

Sie könnten zum Beispiel anführen: Genesung von einer Krankheit, der richtige Weg aus einer Enttäuschung, als ein guter Freund von Gottes Hand beschützt wurde oder als Sie in tiefster Mutlosigkeit eine Lösung fanden. Sagen Sie: »Da Gott mir so oft geholfen hat, werde ich auch in Zukunft auf seine unendliche Güte zählen.«

Wiederholen Sie den Vorgang täglich, und Sie werden überrascht feststellen, daß Sie zu einer nie gekannten geistigen Ruhe gelangen.

## Vorbereitung auf einen erholsamen Schlaf

Wenn die Zeit der Nachtruhe näherrückt, sollte man bestimmte nutzvolle Vorkehrungen treffen.

Die letzte Stunde vor dem Schlafengehen sollten Sie sich nicht mehr über irgendwelche Schwierigkeiten aufregen.

Alle Sorgen, Verpflichtungen und Entscheidungen sollten über Nacht beiseitegelegt werden, damit sich Geist, Seele und Körper in einem gesunden, erholsamen Schlaf erfrischen und erneuern können. Erteilen Sie das Signal zu absolut neutralem Denken. Sagen Sie, »ich beschäftige mich jetzt nicht mehr mit irgendwelchen Problemen«. Alle Sorgen ruhen bis zum nächsten Tag tief im Unterbewußtsein. Bei einer Wiederaufnahme ins bewußte Denken wird sich bald eine Lösung finden.

Führen Sie in der letzten wachen Stunde eine leichte und behagliche Unterhaltung im Kreis Ihrer Familie.

Sollten Sie allein leben, wählen Sie ein unterhaltsames Radio- oder Fernsehprogramm, oder lesen Sie eine amüsante Geschichte. Zum Schluß sollten Sie sich fünfzehn Minuten lang dem Buch der Bücher widmen – der Bibel. Ich kenne Menschen, die abends am liebsten einen Psalm lesen. Andere wiederum bevorzugen ein Kapitel aus dem Neuen Testament. Wieder andere schlagen die Bibel an irgendeiner beliebigen Stelle auf und glauben durch ›Inspiration‹ genau die Stelle zu finden, die ihrem momentanen Bedürfnis am meisten entspricht. Wenn Sie die Lektüre beendet haben, sollten Sie noch fünf Minuten lang entspannt meditieren. Konzentrieren Sie sich auf das Gelesene, lassen Sie die Worte auf sich einwirken, und achten Sie darauf, daß sich die wohltuende Wirkung auf Geist, Gefühle und Körper verbreitet. Entspannen Sie nun in diesem reglosen Zustand Ihren Körper. Bleiben Sie ruhig sitzen, und denken Sie daran, daß Gott Ihnen seinen Frieden überträgt.

Beim Auskleiden sollten Sie nicht vergessen, auch Ihren Geist zu entkleiden. Sie würden sicher nicht mit voller Montur ins Bett steigen. Doch wir scheuen nicht, uns voll beladen mit allen möglichen unglücklichen Gedanken schlafenzulegen. Legen Sie die geistige Last, die Sie den ganzen Tag mit sich herumgeschleppt haben, Stück für Stück ab, und fühlen Sie sich geistig ebenso befreit wie körperlich.

Bevor Sie sich aber endgültig ins Bett legen, stellen Sie sich ans Fenster, und genießen Sie die Schönheit der Nacht. Beobachten Sie den Mond, der hoch am Himmel steht und die Wolken in silbernem Glanz erstrahlen läßt. Beschauen Sie die Sterne, die Vergißmeinnicht der Engel. Vielleicht sehen Sie Schneeflocken, die sanft auf die Erde rieseln, oder ein Schneesturm fegt über die hohen Hecken. Lauschen Sie der Stille des dicken Nebels. Stecken Sie den Kopf aus dem offenen Fenster, und lassen Sie einen Augenblick Regentropfen auf Ihr Gesicht fallen. Entdecken Sie die Schönheit von Gottes geheimnisvoller Welt. Dieser Eindruck wird in Ihrem Bewußtsein bleiben.

Sprechen Sie dann Ihre Gebete, und sinken Sie zufrieden in tiefen Schlaf.

## Entspannung durch positive Gedanken

Ich glaube, daß der schlechte Schlaf vieler Menschen nur in ihrer Einbildung existiert. Sie gehen zu Bett und warten regelrecht darauf, nicht einschlafen zu können. Sie entwerfen ein negatives Denkmuster und rufen damit tatsächlich Schlafstörungen hervor. Gedanken stecken voller Energie und besitzen die Kraft, Vorstellung in Wirklichkeit umzuwandeln. Negatives Denken hat negative Konsequenzen. Entsprechend können wir durch positive Gedanken wie ein Magnet alles Positive dieser Welt anziehen. Mit positivem Denken erzielen wir positive Resultate. Im Grunde ist negatives Denken nichts anderes als die Vorstellung einer negativen Situation, vor der man sich fürchtet. Positives Denken dagegen ist die Vorstellung unserer Wünsche.

Die Kraft positiver und negativer Gedanken ist so mächtig, daß man damit zum Beispiel Schlaf herbeiführen oder verhindern kann. Sie entscheidet darüber, ob wir uns erholen und entspannen oder verkrampfen und erschöpfen.

Unser Vorschlag ist, sich auf Ihrem Heimweg von der Arbeit folgendes vorzusagen: »Ich werde gemütlich essen und einen schönen Abend verbringen, zu guter Letzt werde ich wunderbar schlafen.«

Malen Sie sich aus, daß Sie die ganze Nacht tief schlafen werden. Sagen Sie beim Einschlafen: »Ich werde eine gute und erholsame Nacht verbringen und mit neuer Energie und neuem Eifer für den morgigen Tag erwachen.«

Wenn Sie aufwachen, sagen Sie: »Was für einen wohltuenden Schlaf ich hatte – mit Gottes Hilfe hatte ich eine herrliche Nacht und bin vollkommen ausgeruht. Ich fühle mich frisch und bin bereit für einen großen Tag.«

Nutzen Sie zur Bewältigung Ihres Entspannungs- und Schlafproblems die dynamische Kraft des Glaubens, und denken Sie immer daran, wie wichtig positive Gedanken sind, um sich Erholung zu verschaffen. Rufen Sie sich das Versprechen des Neuen Testaments ins Gedächtnis: »Wenn ihr Glaube wie ein Senfkorn habt, …, und nichts wird euch unmöglich sein« (Matthäus 17,20). Damit ist Ruhe gemeint, und jedes andere Ziel Ihres Lebens.

Sprechen Sie nicht darüber, daß Sie schlecht schlafen oder daß Sie sich nicht entspannen und erholen können. Es ist immer gefährlich, negative Umstände zu bestätigen. Einmal erwecken Sie einen schlechten Eindruck bei den anderen, zum anderen finden Sie sich damit ab.

Indem man Negatives oder Positives wiederholt, bekräftigt man es. Verkünden Sie also: »Mit Gottes Hilfe habe ich gelernt, mich auszuruhen. Ich schlafe nachts gut und bin morgens vollkommen frisch. Ich entspanne mich bei der Arbeit. Ich habe gelernt, mich automatisch zu erholen und zu erneuern, seit ich an Gottes unerschöpfliche Energieversorgung angeschlossen bin.«

Diese Übung wird die Fähigkeit zur Entspannung weiterentwickeln. Sie hilft Ihnen, den Prozeß der geistigen Erneuerung zu beherrschen, und macht Sie stark.

# Ermüden Sie sich nicht selbst

Müdigkeit ist oft die Folge übertriebener Selbstbetrachtung. Egoismus sowie Sorgen über persönlichen Wohlstand, Privilegien und Stellung können einen Großteil unserer Energie aufbrauchen.

Ich konnte beobachten, daß Menschen, die viel Zeit und Kraft besitzen, um Großes zu vollbringen, sich selbst am wenigsten Beachtung schenken. Ihre persönlichen Bedürfnisse sind auf ein Minimum reduziert. Sie bringen gerade genug Zeit für die rein physischen Bedürfnisse und ein gepflegtes Äußeres auf. Der Rest ihrer Zeit steht wichtigen Lebensaufgaben zur Verfügung. Machen Sie eine Liste von all den unwichtigen Dingen, die Sie jeden Tag für sich selbst tun, und überlegen Sie, worauf Sie verzichten könnten.

Denken Sie sich ein System aus. Da gibt es zum Beispiel den Mann, der abends Unterwäsche, Socken, Hemden und Krawatten ausbreitet und sich vor dem Schlafengehen für die Kleidung des nächsten Tages entscheidet. »Ich bin so schnell fertig wie ein Feuerwehrmann und brauche nur noch halb so lang wie früher«, erklärt er.

Wahrscheinlich verursachen Zwangsvorstellungen einen erheblichen Energieverbrauch. Es ist fast unmöglich, ein entspanntes Leben zu führen und erholsame Ruhe zu genießen, wenn man das Opfer der zwanghaften Neurose einer fixen Idee ist. Ich erinnere mich beispielsweise an einen Mann, der von der Vorstellung besessen war, er müsse jeden Tag ein kompliziertes Zeremoniell durchführen. Er ging immer dreimal zum Waschbecken zurück um sicherzugehen, daß der Wasserhahn abgestellt war. Er versuchte dreimal die Tür zu öffnen, um zu prüfen, ob abgesperrt war. Er war ständig besorgt, daß etwas Schreckliches passieren würde, wenn er nicht dies oder jenes tat.

Dieser arme Bursche verbrauchte soviel Energie für seine fixe Idee, daß er schon müde war, bevor er zur Arbeit ging.

Was verschaffte ihm Heilung? Er ging zur Beichte, befreite sich von der Last sündhafter Taten und erhielt Vergebung. Diese Sünden, die sich im Unterbewußtsein manifestiert hatten, erzeugten ein quälendes Schuldgefühl, und der Mann litt unter einem unbewußten Verlangen nach Strafe. Also hat er sich selbst bestraft. In der Bibel finden wir eine gute Beschreibung dieses Problems: »Die Gottlosen fliehen, ohne daß jemand sie verfolgt« (Sprüche 28,1).

Der Mann verfolgte und strafte sich selbst. Eine christliche Erfahrung heilte ihn.

Er bat um Vergebung und ihm wurde verziehen. Dann lehrte ihn Gott, wie man sich selbst verzeiht. Er lernte, Gottes Barmherzigkeit in demütiger Dankbarkeit entgegenzunehmen.

Viele Menschen sind müde aufgrund ihrer Gefühlsstörungen und stürzen sich in sinnlose Kompensierung ihrer Übertretungen. Versuchen Sie daher, Schuldgefühle mit Christi Hilfe aufzuklären. Danach können Sie sich richtig entspannen und ausruhen.

## Friedliche Erinnerungen

Einmal war ich sehr beschäftigt und geriet dummerweise in Hektik. Ich beschloß, nach Atlantic City zu gehen. Ich hatte ein Zimmer mit Meerblick und beobachtete die sanfte Bewegung des Wassers auf dem weichen Sandstrand. Dieser Anblick beruhigte mich schnell. Der Tag wurde neblig und von vorüberziehenden Wolken verdüstert. Die Fluten des Meeres wogten mit lautem Getöse unerschütterlich strandwärts, in unaufhörlichem, aber regelmäßigem Rhythmus. Die Wellenkämme trugen frische Gischtkronen. Über dem Meer schwebten Möwen, die sich steil zum Himmel erhoben und sich dann mit unaussprechlicher Anmut abwärts treiben ließen, wieder emporstiegen und hinabsegelten.

Diese Szene war voller Schönheit und sehr beruhigend. Die angenehm friedliche Stimmung wirkte sehr entspannend auf mich. Ich schloß die Augen und stellte fest, daß ich das Bild noch immer so deutlich vor mir sah, als würde ich es betrachten. Es war da wie ein klarer Eindruck, den das Auge wahrnimmt. Mir fiel ein, daß ich es deshalb mit geschlossenen Augen ›sehen konnte‹, weil sich mein Gedächtnis den Anblick eingeprägt hatte und ihn detailliert wiedergeben konnte.

Warum also, überlegte ich, sollte ich diese Landschaft nicht immer wieder erleben, auch wenn ich nicht dort war? Ich gewöhnte mir an, Bilder von friedlichen Landschaften, die ich einmal gesehen hatte, vor das geistige Auge zu holen. Ich hielt inmitten reger Arbeit eine oder zwei Minuten inne und erinnerte mich an Landschaften, die mich beeindruckt hatten, und spürte noch einmal ihre äußerst beruhigende, besänftigende und entspannende Kraft.

Als ich Schwierigkeiten hatte, einzuschlafen, entdeckte ich, daß ich sofort schläfrig wurde, wenn ich an ruhige und friedliche Landschaftsbilder dachte. Ich lag entspannt im Bett und versuchte mich so weit wie möglich zurückzuerinnern und mich auf ein schönes Erlebnis nach dem anderen zu besinnen. Ich erinnerte mich zum Beispiel an den Augenblick, als ich den Mont Blanc anstarrte und der riesige Berg in Mondlicht getaucht war. Oder an den strahlenden, sonnigen Morgen, als unser großes weißes Schiff im unvorstellbar blauen Wasser vor dem Waikiki Strand in Hawaii vor Anker ging. Oder dieser geheimnisvolle Abend, als ich zum ersten Mal sah, wie sich purpurrote Schatten über den Grand Canyon legten und ihn in Schweigen hüllten. Oder an einen Sommernachmittag auf meiner Farm und den Anblick von Sonnenlicht, das durch alte Walnußbäume auf einen grünen Rasen schien. Mit der Kraft meiner Erinnerung gelang es mir, diese friedvollen Landschaften voll wunderbarer Schönheit neu zu schaffen. Ich spürte Gottes Ruhe und fiel in tiefen, ungestörten Schlaf. Lassen Sie also ab und zu Ihre Sorgen hinter sich, und durchwandern Sie in der Erinnerung noch einmal die schönsten Gegenden und Landschaften, die Sie je erlebt haben. Durch die wohltuende Kraft der ruhigen Betrachtung werden Sie Entspannung und Erholung finden.

## Entspannende Bibeltexte

Eine sehr wirksame Entspannungshilfe ist, einen heilsamen Bibeltext in den überforderten und müden Geist zu ›tröpfeln‹. Wenn Sie das nie versucht haben, sollte ich Sie drängen, es sofort auszuprobieren.

Häufig entsteht Müdigkeit im Geist. Wir werden erst geistig müde, und spüren es dann körperlich. Sie lassen sich beispielsweise in einen Stuhl fallen und behaupten, Sie seien zum ›Umfallen müde‹. Dann kommt ein Freund, oder in Ihrer Straße bricht ein Feuer aus. Sie vergessen plötzlich Ihre Müdigkeit. Sorgen, Ärger und Entscheidungen, die sich während des Tages anhäufen, bringen uns an einen Punkt, wo wir am liebsten fliehen möchten; also werden wir müde. Der Geist braucht eine Erfrischung, zum Beispiel durch eine andere Bewußtseinsstufe.

Bis zu einem gewissen Grad kann dies kurzzeitig durch schöne Musik, einen raschen Landschaftswechsel, einen Witz oder ein amüsantes Erlebnis bewirkt werden. Doch echte Gedankenzerstreuung, die tiefere Bewußtseinsstufen erreicht, wird mit einem Vers aus der Bibel erreicht. Warum gerade ein Bibelvers? Vielleicht, weil er im Buch der Wahrheit steht. Es sind Gottes Worte. Es enthält die heilende Kraft von Christi Geist.

Wahrscheinlich ist es der Glaube, der einen Bibelspruch auf den Geist überträgt, der uns die Schwäche nimmt, denn Schwäche ist nur eine andere Erscheinungsform von Negativität.

Lesen Sie hier einige wirksame Verse und wie man Sie anwenden könnte:

Wiederholen Sie den Vers laut und langsam. Es hinterläßt einen tieferen Eindruck im Bewußtsein, wenn Sie die Worte laut sprechen, denn das Sehen wird durch das Hören ergänzt. Und durch lautes Sprechen kommt der Klang des Textes besser zum Ausdruck. Außerdem hat jedes Wort eines Bibelspruches eine Bedeutung, und durch langsame Artikulation wird der Sinn jedes einzelnen kostbaren Wortes und jeder Silbe betont.

Es wäre auch wichtig und sinnvoll, die Texte auswendig zu lernen und sie über den Tag verteilt aufzusagen, besonders dann, wenn Sie sich müde oder schwach fühlen.

»Soll ich in Person mitziehen und dich ans Ziel führen?« (2. Mose 33,14)

»Nehmt mein Joch auf euch, und lernt von mir; ...: so werdet ihr Ruhe finden für eure Seelen.« (Matthäus 11,29)

»Sei stille dem Herrn und harre auf ihn: entrüste dich nicht.« (Psalm 37,7)

»Und der Friede Christi walte in euren Herzen.« (Kolosser 3,15)

»Auf grünen Auen läßt er mich lagern, zur Ruhstatt am Bache leitet er mich. Er erquickt meine Seele.« (Psalm 23,2;3)

Durchforsten Sie die Heilige Schrift nach weiteren Texten, denen Sie besondere Bedeutung beimessen.

## Der Segen der Dunkelheit

Bedenken Sie, wie freundlich es ist, daß Gott uns alle 24 Stunden Dunkelheit spendet. Die Dunkelheit soll uns bei der Entspannung unterstützen.

Mit geschlossenen Augen entspannt man sich leichter, denn man ist in wohltuende Dunkelheit eingetaucht.

Abends legt der Himmlische Vater den weichen Mantel der Nacht über die Erde, damit sich die Kinder unter seinen weichen Falten von den Mühen des Tages erholen können.

Unglücklicherweise fürchten sich viele Menschen in jungen Jahren vor der Dunkelheit. Als ich ein Junge war, verbrachte ich gemeinsam mit meinem Bruder oft den Sommer bei meiner Großmutter, die in einem riesigen alten Haus lebte. Wir schliefen in einem ziemlich abgelegenen Zimmer im oberen Stockwerk. Sie verabschiedete sich abends mit den Worten: »Denkt daran, Jungs, ihr seid nicht allein. Gott ist auch in der Dunkelheit bei euch.« Dann sprach sie ein Gebet; eine Zeile daraus vergesse ich nie: »Oh Herr, wache in der Dunkelheit dieser Nacht über dem Bett dieser kleinen Jungen.«

So lernten wir, uns in der Finsternis nicht zu fürchten, sondern sie zu begrüßen. Ich werde nie aufhören, für diesen geistigen Segen dankbar zu sein, den wir durch Gottes gütige Dunkelheit erfahren.

Die Gedanken vieler Menschen sind in der Nacht Schauplatz von Kämpfen. Mit der Müdigkeit setzt ein Energieverlust ein, der an der Kraft unserer Nerven zehrt. Der geistige Widerstand läßt nach. In diesem Augenblick treten unbestimmte Ängste, vages Grauen und unsichere Gefühle in Scharen an unser Bett. In der Dunkelheit wirkt selbst Vertrautes grotesk und nimmt gigantische Ausmaße an.

Ich möchte Ihnen dabei helfen, Gott als großen, zärtlichen Vater zu empfinden, der seine Hände auf Ihre Augenlider legt, sie schließt und dabei sagt: »Fürchte dich nicht, ich bin bei dir.« Verlassen Sie sich in der Finsternis auf Gottes Schutz, und sprechen Sie folgende Worte: »Denn seine Engel wird er für dich entbieten, dich zu hüten auf all deinen Wegen.« (Psalm 91,11.) Seine Engel werden Ihre Ängste tatsächlich fortnehmen. Diese Engel sind im Dunkeln besonders aktiv und schweben wachsam über uns. Man nennt sie Schutzengel.

Denken Sie auch an Christus, der an Ihrem Bett sitzt mit seinem Himmelslicht. Aber seine Lampe ist zugedeckt, denn er möchte Ihnen mit seiner beruhigenden, heiligen Dunkelheit helfen, sich zu entspannen, sich zu erholen und einzuschlafen.

Erinnern Sie sich an die Zeit, als Sie ein krankes Kind waren, und Ihre Mutter an Ihrem Bett saß und vielleicht neben einer gedämpften Lampe die ganze lange Nacht bei Ihnen Wache hielt. Es war dunkel genug, um einzuschlafen, und gerade hell genug, um ihr liebevolles Gesicht zu sehen. Wie gut das tat!

Heute schützt Sie bei Dunkelheit der Himmlische Vater. Seine Engel halten Wache und verjagen die Ängste. Vergessen Sie nicht, egal ob dunkel oder hell, Gott ist immer bei Ihnen.

## Es gibt viele Gründe dankbar zu sein

Nervosität und Schlaflosigkeit sind oft die Folge einer Unsicherheit, die einen nicht mehr losläßt.

Dankbarkeit ist ein sehr gutes Mittel gegen diesen unglücklichen Umstand. Beginnen Sie noch heute, und schreiben Sie alles auf, wofür Sie heute dankbar sein müßten. Indem Sie so eine Gnade zur anderen zählen, entwickeln Sie ein neues Verständnis von Gottes Güte und schätzen das außergewöhnliche Glück, das Sie heute erlebten. Zurück bleibt ein tiefer Eindruck und ein sicheres Lebensgefühl. Nervöse Zweifel werden ›ihre Zelte packen und sich, wie die Araber, heimlich davonstehlen‹.

Überlegen Sie am Ende des Tages, wofür Sie dankbar sein könnten, und schreiben Sie die Gründe auf. Die Liste könnte so aussehen:

»Ich danke Gott für das bequeme Bett, in dem ich schlafen werde, und daß ich ein Dach über dem Kopf habe. Ich bin dankbar, daß ich eine Familie und Freunde habe, wo sie auch sein mögen. Ich bin dankbar für das gute Abendessen und die gute Verdauung. Ich empfinde tiefe Dankbarkeit, daß ich heute genug Geld hatte, um diese überfällige Rechnung zu zahlen. Ich bin dankbar, daß ich heute gute Arbeit leisten konnte.«

Sie sehen, wir haben einige Vorschläge unterbreitet und offenbar noch nicht einmal die einfachsten Wohltaten dieses Tages erschöpft. Es ist nicht schwer, Schwierigkeiten aufzuzählen, denn wir neigen dazu, uns auf das Negative zu konzentrieren. Man kann sich aber angewöhnen, das Positive im Leben mit derselben Mühelosigkeit zu erkennen.

Das eine erzeugt Spannung, Nervosität und Unglück, das andere bringt Friede, Ruhe und Freude.

Auch wenn Sie bereits zu Beginn des Tages mit Problemen konfrontiert werden, sollten Sie versuchen, jederzeit positiv zu denken. Lassen Sie sich überraschen, wie sehr diese Haltung hilft, die Dinge entspannter anzugehen. Denn es steht fest, daß optimistische Menschen bessere Resultate erzielen, als Menschen mit einer pessimistischen Einstellung.

Das ist leicht verständlich, denn der Optimist überlegt so lange, bis ihm ein Verbesserungsvorschlag einfällt. Der Pessimist hingegen bringt nicht viel Einsatz und gewinnt entsprechend weniger als jemand, der mehr investiert. Das erklärt, warum ein entspannter Mensch mehr erreicht als einer, der immer nervös ist. Für ein erfolgreiches Leben ist es sehr wichtig, daß man immer wieder die eigenen Möglichkeiten aufzählt. Das heißt jedoch nicht, daß man dabei ›unrealistisch‹ sein soll. Doch im großen und ganzen kommt eine positive Haltung den Tatsachen des Lebens näher als eine negative.

Aus diesem Grund sollten Sie Ihr Glück sowie Möglichkeiten und Gelegenheiten stets addieren und nicht subtrahieren. Das macht Sie gelöster, fröhlicher und erfolgreicher.

# Die Kunst des Vergessens

Die Kunst des Vergessens besitzt beträchtliche Kraft, um Spannungen zu lösen. Manche Leute bedauern, sich nichts merken zu können. Dabei sind weitaus mehr Menschen nicht fähig, zu vergessen.

Nervenzusammenbrüche sind oft eine Folge der Überlastung des Geistes mit schlechten Erinnerungen an Mißerfolg oder Enttäuschungen. Es ist also enorm wichtig, sich durch Vergessen davon zu befreien.

Viele Menschen liegen nachts im Bett und regen sich im nachhinein über längst vergangene Angelegenheiten auf. Sie durchleben noch einmal die Vergangenheit, indem sie sich mit alten Sündtaten, Sorge und Unglück beschäftigen, und werden dadurch schrecklich nervös. Die Gedanken wandern ruhelos von einer Misere zur nächsten wie eine Biene, die emsig von Blüte zu Blüte fliegt, nur saugen sie keinen Honig aus schönen Blumen, sondern erzeugen Unzufriedenheit. Eine hervorragende Hilfe finden Sie in dieser biblischen Aussage:

»Ich vergesse, was hinter mir liegt, und strecke mich nach dem aus, was vor mir liegt, und jage dem vorgesteckten Ziele zu, nach dem Kampfespreis der himmlischen Berufung Gottes in Jesus Christus.« (Philipper 3,13;14)

Wiederholen Sie diese Verse, wenn Ihr Geist zu unglücklichen Erinnerungen schweift. Sie werden Ihnen helfen, zu vergessen.

Je mehr Negatives Sie vergessen, desto besser und erholsamer wird Ihr Schlaf.

Vergessen ist kein negativer, sondern ein positiver Vorgang. Man verdrängt damit destruktive Eindrücke und ersetzt sie. Lernen Sie die Technik, jede unglückliche Erinnerung durch eine erfreuliche auszutauschen. Konzentrieren Sie sich mit aller Kraft auf positive und freudige Gedanken, damit die bedrückten und bösen Gedanken verschwinden.

Wenn Sie abends Ihre Haustür verschließen, machen Sie eine heilige Zeremonie daraus. Stellen Sie sich neben die Tür, und sagen Sie: »Ich vergesse jetzt viele Dinge! Ich bitte diese Dinge, aus meinem Kopf zu verschwinden, denn sie sind ein schlechte Begleitung. Ich lasse sie jetzt vor der Türe und verbiete ihnen hereinzukommen. Ich schließe jetzt die Tür und drehe den Schlüssel herum. Das Schloß schnappt zu, und ich bin sie los.«

Diese erbarmungslose Ungastlichkeit gegenüber allen unglücklichen Gedanken gibt Ihnen neuen Mut und dauerhaften Frieden. Der regelmäßig wiederholte, nächtliche Gedankenaustausch bewirkt schließlich, daß Sie lernen, nur noch beruhigende und entspannende Gedanken auszuwählen. Aus der Kunst des Vergessens entwickelt sich die für erfolgreiche Lebensführung unerläßliche Fähigkeit, die eigenen Gedanken unter Kontrolle zu haben.

## In den Armen der Ewigkeit

In gewisser Hinsicht sind wir alle noch Kinder. In unserer Kindheit wiegte uns die Mutter auf ihren liebevollen Armen in den Schlaf. Heute und ein Leben lang können wir uns von den liebevollen Armen Gottes wiegen lassen, denn er sagte: »Wie einen seine Mutter tröstet, so will ich euch trösten.« (Jesaja 66,13.)

Die Bibel sagt, wahres Genie ist die Kunst, wie ein Kind zu sein. Das heißt man soll vertrauen, fröhlich sein und dem Leben offen gegenübertreten, mit anderen Worten normal, natürlich und glücklich sein. Das bedeutet auch entspannt zu leben und zu arbeiten, sich abends hinzulegen und vollkommen friedlich und natürlich einzuschlafen.

Jesus wußte, wie man sich entspannt, als seine Jünger ihn bei einem Sturm, tief schlafend, in dem Heck eines Bootes fanden – ›wohlbehalten in der Wiege des Meeres‹. Als er ihre Furcht bemerkte, sagte er, der Glaube würde den Sturm besänftigen, vor dem sie sich so ängstigten, sie mögen dem Leben nur so begegnen, wie er, in stiller Zuversicht.

In jedem Menschen schlummert ein instinktives und natürliches Gefühl der Hingezogenheit zur Mutter. Gleichgültig, wie alt wir werden, die Kindheit hinterläßt eine Sehnsucht nach dem wohltuenden Schutz der mütterlichen Arme. Doch als Erwachsener können wir nicht mehr in den Armen der Mutter einschlafen. Wir können die Arme der Mutter jedoch durch Gottes Arme ersetzen. Die Vorstellung, in seinen ewigen Armen zu ruhen und dort Schutz und Trost zu finden, ist ein tiefes Geheimnis der Ruhe.

Das Gefühl von göttlichem Halt und Liebe trägt einen wesentlichen Teil zur intensiven Entspannung bei.

Ich kannte einen großen Künstler und sehr berühmten Mann, dessen Werk in den Jahrbüchern der Malerei gepriesen wird. Er war hochgewachsen und strahlte überall, wo er hinkam, Begeisterung und Lebensfreude aus. Trotz seiner herausragenden Intelligenz und eindrucksvollen Bildung hatte er einen kindlichen Glauben an Gott. »Ich genieße jeden Tag meines Lebens«, erklärte er einmal. »Jede Morgendämmerung ist für mich ein neuer Impuls, jeder Sonnenaufgang ist eine belebende Freude. Und wenn ich nachts schlafen gehe, legt der liebe Gott seine Arme um mich und wiegt mich in den Schlaf.«

Seine grenzenlose Energie schöpfte dieser Mann aus der Tiefe seines einfachen und doch starken Glaubens.

Schämen Sie sich nicht, eine kindliche Beziehung zu Gott zu haben. Lassen Sie sich von seinen ewigen Armen in tiefen Schlaf wiegen. Entspannen Sie sich, indem Sie vollkommen auf Gottes Güte vertrauen. Er wacht Tag und Nacht über Sie und in Ewigkeit.

»Ihr werdet Ruhe finden für eure Seelen.« (Jeremiah 6,16.) »Wirf auf den Herrn deine Bürde, und er wird dich versorgen.« (Psalm 55,22.)

# Teil 6

# Die Wie-Karten

Im Lauf der Jahre habe ich entdeckt, daß viele Menschen – und ich bin versucht zu sagen die meisten – unter denselben Problemen leiden, obwohl diese eine jeweils individuelle Form annehmen.

Um diese Probleme zu lösen und zu überwinden, habe ich bestimmte Techniken erarbeitet. Sie finden sie in den zehn nachfolgenden ›Wie‹-Karten. Sie können darin einzelne Schritte nachlesen, wenn Sie übrige Zeit haben oder wenn Sie versuchen, eines dieser Lebensprobleme endgültig loszuwerden. Zunächst eine kurze Beschreibung, aus welchen Gedanken sich die einzelnen Fragestellungen entwickelt haben:

*Erstens*: Verwirrung.
Viele Menschen scheinen verwirrt zu sein, weil das Leben voller Ängste steckt, Erfolg nur vermehrte Verantwortung bedeutet und nichts dauerhaft ruhig und friedlich zu sein scheint. Der Grund dafür, daß sie so empfinden, ist, daß sie sich noch nie eine der wichtigsten Fragen gestellt haben: *Wie löst man ein Problem*.

*Zweitens*: Beschäftigung.
Jeder von uns hat etwas zu tun, um die wachen Stunden des Lebens auszufüllen. Erholung und Unterhaltung werden diesem Zweck nur für eine Weile gerecht, dann langweilen wir uns. Wir brauchen etwas, um uns wichtig zu fühlen. Wir sollten dankbar sein, daß es die Arbeit gibt, ob man nun an einer Maschine, in einem Büro oder zu Hause arbeitet.

Doch viele Menschen empfinden ihre Arbeit als Last statt als Segen.

Wenn Sie dieses Problem haben, beachten Sie die Karte: *Wie die Arbeit angenehmer wird.*

*Drittens*: Angst.
Pollyanna mag ein schönes Kind gewesen sein, doch kein Mensch kann durchs Leben gehen und sich immer über alles freuen. Spätestens wenn wir in einen angstvollen Zustand geraten sind, ist es an der Zeit, »die Waffen gegen das Meer der Sorgen zu ergreifen« – wie Hamlet sagte. Wir sagen, *wie man sich keine Sorgen mehr macht.*

*Viertens*: Nervosität.
Wie ich in diesem Buch bereits erwähnte, scheint dies ein typisches Leiden unserer Zeit zu sein. Um in Gesundheit, Harmonie und Glück zu leben ist es wichtig, innere Ruhe zu entfalten. Dabei hilft die Technik *Wie man sich entspannt.*

*Fünftens*: Selbstvertrauen.
Diese Eigenschaft ist dem Glauben verwandt. Mit ihrer Hilfe ist alles möglich; ohne sie, fast nichts. Wenn Sie glauben, daß Ihrem Charakter diese Eigenschaft fehlt, studieren Sie, *wie man Minderwertigkeitskomplexe überwindet.*

*Sechstens*: Trauer.
Das kann jeden betreffen. Davor gibt es kein Entkommen, aber man kann dieses Gefühl durch Mut erleichtern; und es kann sogar eine bereichernde Erfahrung werden. Wie man in kummervollen Zeiten Trost findet, wird beschrieben in: *Wie man mit Kummer fertig wird.*

*Siebtens*: Beliebtheit.
Ich glaube, die meisten Menschen könnten viele Freunde und angenehme Begleiter finden, wenn sie sich die Mühe

machten, nach ihnen zu suchen und sich um die Freundschaft verdient zu machen. Wie leicht und erfreulich das ist, werden Sie feststellen, wenn Sie sich damit beschäftigt haben, *wie man Freunde findet*.

*Achtens*: Toleranz.
Negative Gefühle anderen gegenüber schaden Ihnen selbst am allermeisten. Es mag sein, daß Sie Gründe haben für Neid, Bosheit oder Haß, aber wir sollten lernen, diese teuflischen Stimmungen nicht in uns zu tragen. Deshalb ist es so wichtig zu lernen, *wie man verzeiht*.

*Neuntens*: Religion.
Obwohl viele Menschen die Kirche aufgrund ihres Glaubens regelmäßig besuchen – sei es aus Schuldgefühl oder weil sie ernsthaft am Gottesdienst interessiert sind – frage ich mich, wie viele tatsächlich einen persönlichen Gewinn davontragen. Es geht nicht nur darum, göttliche Dienste als Gewohnheit zu betrachten. Religiöse Verehrung bedeutet weit mehr und wird näher erläutert in: *Wie man zur Kirche geht*.

*Zehntens*: Das Gebet.
Viele Menschen kennen nicht die wahre Bedeutung eines Gottesdienstes, ebensoviele Menschen sprechen ihre Gebete zwar regelmäßig, aber gedankenlos. Das Gebet kann Ihrem Leben Sinn und Glück schenken, wenn Sie versuchen, einige Regeln zu beachten. Sie finden sie in: *Wie man seine Gebete spricht*.

Vielleicht entsprechen nicht alle diese Karten Ihrem speziellen Problem. Doch wenn das eine oder andere zutrifft, bin ich sicher, daß Ihnen diese Karten helfen werden, wie vielen, vielen anderen Menschen, die sie ausprobierten und sehr wirksam fanden.

## Wie man ein Problem löst

Zehn Regeln für eine Antwort auf tägliche Probleme

*Erstens*: Glauben Sie daran, daß es für jedes Problem eine Lösung gibt.

*Zweitens*: Bleiben Sie ruhig. Ihr Gehirn kann unter Streß nicht erfolgreich arbeiten. Gehen Sie Ihr Problem unbeschwert, aber ernsthaft an.

*Drittens*: Versuchen Sie nicht, eine Antwort zu erzwingen. Entspannen Sie den Geist, damit Ihnen die richtige Lösung einfallen kann.

*Viertens*: Betrachten Sie alle Gegebenheiten objektiv, unpersönlich und sachlich.

*Fünftens*: Schreiben Sie die Umstände auf. Das klärt Ihre Gedanken. Sie sehen die Probleme dann vor sich und können darüber nachdenken. Sie werden sie so objektiv und nicht subjektiv betrachten.

*Sechstens*: Beten Sie über Ihr Problem, und vertrauen Sie darauf, daß Gott Ihren Geist erhellen wird.

*Siebtens*: Glauben Sie an Gottes Führung, und suchen Sie diese Führung, die in Psalm 73 versprochen wird: »Du wirst mich durch deinen Rat führen.«

*Achtens*: Vertrauen Sie Ihrer Fähigkeit zur Einsicht, und verlassen Sie sich auf Ihre Intuition.

*Neuntens*: Gehen Sie zur Kirche. Während Sie sich auf den Gottesdienst konzentrieren, lassen Sie Ihr Unterbewußtsein das Problem lösen. Produktives spirituelles Denken besitzt erstaunliche Kraft und kann uns zur ›richtigen‹ Antwort führen.

*Zehntens*: Wenn Sie diese zehn Schritte befolgen, wird die in Ihren Gedanken entwickelte Antwort die richtige Lösung für Ihr Problem sein.

## Wie man zur Kirche geht

### Zehn Regeln für einen erfolgreichen Kirchgang

*Erstens*: Gehen Sie regelmäßig zur Kirche. Eine vom Arzt verordnete Medizin, die man regelmäßig einnehmen müßte, nützt nichts, wenn sie nur einmal im Jahr verabreicht wird.

*Zweitens*: Effektive Kirchgänge sind eine Kunst, und es gibt bestimmte Regeln dafür.

*Drittens*: Verbringen Sie einen ruhigen Samstagabend, und versuchen Sie, gut zu schlafen. Bereiten Sie sich auf Sonntag vor.

*Viertens*: Entspannen Sie sich körperlich und geistig. Eilen Sie nicht in die Kirche. Gehen Sie ganz gemütlich. Sie sollten während eines Gottesdienstes nicht nervös sein.

*Fünftens*: Gehen Sie in freudiger Erwartung. Die Kirche ist kein düsterer Ort. Christlichkeit ist eine strahlende und glückliche Lebensart.

*Sechstens*: Sitzen Sie entspannt in der Bank, die Füße auf dem Boden, die Hände locker im Schoß oder seitlich. Passen Sie sich der Bank an. Sitzen Sie nicht steif da. Gottes Kraft kann durch einen angespannten Körper nicht zu Ihrer Persönlichkeit vordringen.

*Siebtens*: Gehen Sie in der Erwartung, daß Ihr Problem in der Kirche gelöst wird. Suchen Sie an Wochentagen nach einer Lösung, aber lassen Sie das Problem am Sonntag ›ruhen‹. Stellen Sie sich vor, daß Gottes Friede Ihre Gedanken beruhigt und Sie zu Einsicht erlangen können.

*Achtens*: Verwerfen Sie in der Kirche jede Böswilligkeit. Neid blockiert den Fluß spiritueller Kraft. Beten Sie in der Kirche für diejenigen, die Sie nicht mögen, und vertreiben Sie damit die Böswilligkeit.

*Neuntens*: Lernen Sie die Kunst des Meditierens. Denken Sie an eine schöne und friedliche Landschaft, vielleicht sogar an Ihren liebsten Forellenbach. Konzentrieren Sie sich dann auf Christus. Denken Sie an Gott. Das spendet Ihnen Friede und Erfrischung.

*Zehntens*: Gehen Sie zur Kirche in Erwartung eines großartigen und aufregenden Ereignisses. Jeden Sonntag wird das Leben vieler Menschen vollkommen verändert. Das kann Ihnen auch passieren.

## Wie man seine Gebete spricht

### Zehn Regeln für erfolgreiches Beten

*Erstens*: Halten Sie sich jeden Tag einige Minuten frei. Sagen Sie nichts. Denken Sie einfach nur an Gott. Das macht Ihren Geist empfänglich.

*Zweitens*: Beten Sie dann, und benutzen Sie einfache Worte. Erzählen Sie Gott alles, was Sie beschäftigt. Denken Sie nicht, Sie müßten festgesetzte, fromme Sätze sprechen. Sprechen Sie in Ihrer eigenen Sprache zu Gott. Er versteht Sie.

*Drittens*: Beten Sie bei der Arbeit, in der U-Bahn, im Bus oder an Ihrem Schreibtisch. Schließen Sie für Minuten die Augen, und vergessen Sie die Welt um sich herum. Konzentrieren Sie sich auf Gottes Gegenwart. Je besser Sie das lernen, desto stärker werden Sie Gottes Gegenwart spüren.

*Viertens*: Bitten Sie nicht immer im Gebet um etwas, sondern glauben Sie daran, daß Gottes Segen bereits über Sie gekommen ist, und beten Sie hauptsächlich aus Dankbarkeit.

*Fünftens*: Beten Sie mit der Überzeugung, daß ernsthafte Gebete Ihre lieben Mitmenschen mit Gottes Liebe und Schutz umgeben können.

*Sechstens*: Lassen Sie keine negativen Gedanken in Ihre Gebete. Nur positive Gedanken erzielen gute Resultate.

*Siebtens*: Betonen Sie stets Ihre Bereitschaft, Gottes Wunsch zu akzeptieren. Bitten Sie um etwas, aber seien Sie bereit zu nehmen, was Gott Ihnen gibt. Es ist vielleicht besser, als was Sie sich wünschen.

*Achtens*: Legen Sie alles in Gottes Hand. Bitten Sie um die Fähigkeit, Ihr Bestes zu tun und den Rest vertrauensvoll Gott zu überlassen.

*Neuntens*: Beten Sie für Menschen, die Sie nicht mögen oder von denen Sie schlecht behandelt wurden. Haß ist das Haupthindernis spiritueller Kraft.

*Zehntens*: Schreiben Sie alle Menschen auf, für die Sie beten möchten. Je mehr Sie für andere beten – vor allem diejenigen, mit denen Sie nicht verbunden sind und die Sie nicht mögen –, desto bessere Ergebnisse werden Sie erzielen.

## Wie die Arbeit angenehmer wird

### Zehn Regeln zur Erleichterung Ihrer Arbeit

*Erstens*: Bilden Sie sich nicht ein, Sie seien ein Atlas und müßten die Welt auf Ihren Schultern tragen. Überfordern Sie sich nicht. Nehmen Sie sich selbst nicht so wichtig.

*Zweitens*: Beschließen Sie, Ihre Arbeit zu lieben. So wird sie zum Vergnügen, nicht zur Plackerei. So brauchen Sie vielleicht nicht den Job zu wechseln. Ändern Sie sich selbst, und die Arbeit bekommt ein neues Gesicht.

*Drittens*: Planen Sie Ihre Arbeit – arbeiten Sie nach Plan. Mangelnde Planung erzeugt ein ›Ich-bin-fertig‹-Gefühl.

*Viertens*: Versuchen Sie nicht, alles auf einmal zu tun. Das ist der Grund, warum Ihnen die Zeit davonläuft. Richten Sie sich nach dem weisen Rat aus der Bibel, »dieses eine Ding tu ich«.

*Fünftens*: Bemühen Sie sich um eine aufrichtige geistige Haltung, indem Sie daran denken, daß es nur davon abhängt, wie Sie über die Arbeit denken, ob sie Ihnen schwer- oder leichtfällt. Denken Sie, sie sei mühelos, und sie wird mühelos werden.

*Sechstens*: Werden Sie in Ihrer Arbeit erfolgreich. ›Wissen ist Macht‹ (berufliches Wissen). Es ist immer leichter, eine Sache richtig zu machen.

*Siebtens*: Entspannen Sie sich. Immer sachte! Hetzen Sie sich nicht, und schuften Sie nicht. Erledigen Sie Ihre Aufgaben spielend.

*Achtens*: Heben Sie nicht für morgen auf, was Sie heute tun können. Eine Ansammlung unerledigter Arbeiten erschwert die Tätigkeit. Arbeiten Sie nach Terminplan.

*Neuntens*: Beten Sie für die Arbeit. Das fördert die Entspannung und damit den Erfolg.

*Zehntens*: Verlassen Sie sich auf den ›unsichtbaren Partner‹. Es ist erstaunlich, wieviel Last er Ihnen abnimmt. Gott kennt sich in Büros, Fabriken und Küchen genausogut aus wie in der Kirche. Er weiß mehr über Ihre Arbeit als Sie. Erst durch seine Hilfe wird Ihre Arbeit erfolgreich.

## Wie man sich keine Sorgen mehr macht

### Zehn Regeln zur Heilung der größten Krankheit

*Erstens*: Sie müssen wissen, daß Sorge eine Gewohnheit ist, die man wie jede andere Gewohnheit pflegen oder ablegen kann.

*Zweitens*: Erkennen Sie, daß Sorgen Ihre Feinde sind. Das Wort sollte Sie abschrecken. Sorgen haben eine vernichtende Wirkung auf Ihre Persönlichkeit. Sie sind die schlimmste Plage des modernen Lebens.

*Drittens*: Beachten Sie die drei Kategorien: 40% der Sorgen beziehen sich auf die Vergangenheit; 50% auf die Zukunft; 10% auf die Gegenwart.

*Viertens*: Um die Sorgen über die Vergangenheit zu vertreiben, sollten Sie die Kunst des Vergessens lernen. Wiederholen Sie jeden Morgen und jeden Abend diese Formel für geistige Gesundheit: »Indem ich die Dinge, die hinter mir liegen, vergesse, strebe ich nach dem, was vor mir liegt, und eile zum Ziel.«

*Fünftens*: Denken Sie über eine kluge Aussage von William James nach, dem großen Psychiater: »Genie bedeutet, daß man weiß, wie man manche Dinge übersieht« (hinter sich lassen, vergessen).

*Sechstens*: Bestätigen Sie sich jeden Tag Ihr Vertrauen in die Zukunft. Wiederholen Sie folgende Liedstrophe: »Solange du mich mit deiner Kraft segnest, wird sie mich führen.«

*Siebtens*: Erlernen Sie die Kunst des Gleichmuts. Wie groß der Druck auch sein mag, sagen Sie: »Gott macht mich ruhig und friedfertig.«

*Achtens*: Entleeren Sie den Geist mit den Worten: »Ich befreie jetzt meinen Geist von allen Ängsten und Unsicherheiten.«

*Neuntens*: Füllen Sie den Geist wieder auf. Sprechen Sie: »Gott füllt jetzt meinen Geist mit Frieden – mit Mut – mit beruhigender Sicherheit.«

*Zehntens*: Lernen Sie, sich auf Gottes Gegenwart zu verlassen. »Gott ist jetzt bei mir. Gott ist mein ständiger Begleiter. Gott wird mich nie verlassen. Ich werde Gott nie verlassen.«

## Wie man sich entspannt

### Zehn Regeln, um Spannungen zu beseitigen

*Erstens*: Fügen Sie in den unruhigsten Teil Ihres Tages einige ruhige Minuten ein. Das mindert den Streß, und Sie können bis zum Abend erfolgreich arbeiten.

*Zweitens*: Versuchen Sie, einmal am Tag fünfzehn Minuten ganz ruhig zu sein.

*Drittens*: In der ruhigen Zeit sollten Sie bestimmte Entspannungstechniken anwenden. Körperliche, geistige und spirituelle Disziplin kann Spannungen reduzieren.

*Viertens*: Atmen Sie dreimal tief ein und aus. Heben Sie die Arme, und lassen Sie die Hände auf die Knie fallen, wie ein nasses Blatt, das an einem Baum hängt. Was ist entspannter als ein nasses Blatt, das am Baum hängt?

*Fünftens*: Stellen Sie sich vor, Gottes entspannender Friede würde Sie berühren und zuerst alle Muskeln Ihres Körpers und Gesichts lösen und schließlich auf Ihren Augen ruhen.

*Sechstens*: Entspannen Sie den Geist mit Hilfe Ihrer Vorstellungskraft. Sie können zum Beispiel eine geistige Reise unternehmen, ohne fortzufahren.

*Siebtens*: Konzentrieren Sie sich einen Augenblick lang auf die Erinnerung schöner und friedlicher Landschaften.

*Achtens*: Schaffen Sie in Gedanken eine Verbindung zwischen Ihrem Leben und der erneuernden Energie Gottes. Stellen Sie sich vor, Sie würden physisch, emotional und spirituell erneuert.

*Neuntens*: Wiederholen Sie jeden Tag dreimal die folgenden Worte: »Du wirst dem vollkommenen Frieden geben, der an dich glaubt.« – »Kommt zu mir …, und ich mache euch ruhig.« – »Frieden gebe ich euch.« Beziehen Sie dann diese Aussagen auf sich persönlich, und fügen Sie Ihren Namen ein.

*Zehntens*: Befreien Sie Ihren Geist von Haß, unreinen Gedanken, unehrenhaften Wünschen und Ängsten. Das sind Infektionszentren der Spannung. Wenn sie beseitigt sind, steht einer vollkommenen Entspannung nichts mehr im Weg.

## Wie man mit Kummer fertig wird

### Zehn Regeln, um Trost zu finden

*Erstens*: Erkennen Sie, daß es im menschlichen Dasein bestimmte unvermeidliche Dinge gibt. Lernen Sie die Unvermeidlichkeit zu akzeptieren.

*Zweitens*: Erkennen Sie, daß man von der Wiege bis zum Grab viele Phasen durchlebt, wobei jede einen entscheidenden Beitrag zur Entwicklung der Persönlichkeit und Weisheit leistet. Kummer ist eine dieser wichtigsten Phasen und ist ein Teil von Gottes Plan.

*Drittens*: Beachten Sie, daß die Art und Weise, in der Sie Ihrem Kummer begegnen – positiv oder negativ –, Ihr ganzes späteres Leben beeinflußt.

*Viertens*: Erkennen Sie, daß, so schmerzhaft es auch sein mag, Sie das traurige Erlebnis überwinden und weiterleben können. Die menschliche Natur ist mit einem entsprechenden Mechanismus ausgerüstet.

*Fünftens*: Erinnern Sie sich, daß der Tod Ihre Beziehung zu dem geliebten Verstorbenen nur verändert, aber Sie nicht voneinander trennt. Da ›sich Liebe nie verliert‹, werden Sie in glücklichen Augenblicken die Gegenwart des geliebten Menschen spüren.

*Sechstens*: Wenn Sie traurig sind, sollten Sie die Trauer normal ausleben. Schämen Sie sich nicht und unterdrücken Sie sie nicht.

*Siebtens*: Behalten Sie Ihre alten Gewohnheiten, meiden Sie nicht, vertraute Orte zu besuchen. Machen Sie einfach so weiter wie bisher, und betrachten Sie es als ganz natürliche Erfahrung.

*Achtens*: Denken Sie daran, daß der geliebte Mensch beim himmlischen Vater wohnt und von Liebe und Schönheit umgeben ist.

*Neuntens*: Vertrauen Sie auf den alten Glauben der Bibel, daß Sie sich in jenem Reich wiedertreffen werden, das ›heller als der Tag‹ ist und in dem es keine Trennung gibt.

*Zehntens*: Versuchen Sie anderen Menschen Trost und Heilung zu spenden. Indem Sie helfen, deren Kummer zu erleichtern, wird Ihr eigener leichter zu ertragen sein.

## Wie man Freunde findet

Zehn Regeln, um von anderen geschätzt zu werden

*Erstens*: Lernen Sie, sich an Namen zu erinnern. Wenn Ihnen das nicht gelingt, ist das Interesse nicht ausreichend vorhanden. Der Name ist jedem sehr wichtig.

*Zweitens*: Versuchen Sie eine angenehme Person zu sein, damit der Umgang mit Ihnen nicht anstrengend ist – man soll Sie wie bequeme Schuhe oder einen liebgewonnenen Hut wegen Ihrer Einzigartigkeit lieben. Seien Sie gemütlich.

*Drittens*: Lernen Sie den Dingen entspannt entgegenzusehen, so daß nichts Sie aus der Ruhe bringt.

*Viertens*: Seien Sie nicht egoistisch. Hüten Sie sich davor, den Eindruck zu erwecken, Sie wüßten alles. Seien Sie natürlich und bescheiden.

*Fünftens*: Entwickeln Sie die Fähigkeit, andere Menschen anzuregen und ihr Interesse zu wecken, so daß sie gerne mit Ihnen zusammen sind und von Ihnen profitieren.

*Sechstens*: Versuchen Sie damit aufzuhören, sich immer gleich über alles aufzuregen, auch wenn Ihnen diese Eigenschaft nicht bewußt ist.

*Siebtens*: Versuchen Sie aufrichtig, alle Mißverständnisse aus dem Weg zu räumen. Beseitigen Sie alle verletzten Gefühle.

*Achtens*: Bemühen Sie sich, andere Menschen zu lieben, bis Sie lernen, es von selbst zu tun. Will Rogers sagte: »Ich traf nie einen Menschen, den ich nicht mochte.« Versuchen Sie das auch.

*Neuntens*: Lassen Sie keine Gelegenheit aus, um jemandem Ihre Bewunderung auszudrücken oder Ihr Mitgefühl für seine Sorgen oder Enttäuschungen auszusprechen.

*Zehntens*: Machen Sie eine tiefe spirituelle Erfahrung, damit Sie anderen etwas mitzuteilen haben und ihnen helfen, stärker zu sein und das Leben besser zu meistern. Sie werden Sie dafür lieben.

## Wie man verzeiht

### Zehn Regeln, um Haß zu vermeiden

*Erstens*: Wenn Sie jemand verletzt, geben Sie sofort ›spirituelles Jod‹ auf die Wunde. Das heißt, sprechen Sie ein inbrünstiges Gebet. Wenn Sie das nicht tun, wird die Wunde ›eitern‹.

*Zweitens*: Wenn sich in Ihren Gedanken bereits Haß festgesetzt hat, wenden Sie eine Kummer-Drainage an. Das bedeutet, den Geist zu öffnen und Kummer ausfließen zu lassen.

*Drittens*: Befreien Sie sich von der Last bei einem Ratgeber Ihres Vertrauens, oder schreiben Sie der Person, die Sie nicht mögen, einen Brief. Zerreißen Sie ihn dann, beten Sie für denjenigen, und verzeihen Sie ihm, während Sie die Papierfetzen in der Hand halten.

*Viertens*: Werden Sie sich bewußt, welchen Schaden Haß Ihnen zufügen kann, daß er Sie sogar krank machen kann. Denken Sie daran, wenn Sie wieder ein Haßgefühl nähren.

*Fünftens*: Vergeben Sie so oft wie nötig. Verzeihen Sie, wenn nötig siebzig mal sieben – das heißt, um genau zu sein, 490mal.

*Sechstens*: Nur an Vergebung zu denken, das genügt nicht. Sie müssen einen bestimmten Punkt erreichen, an dem Sie sagen: »Mit Gottes Hilfe vergebe ich jetzt … (nennen Sie den Namen der jeweiligen Person).«

*Siebtens*: Wiederholen Sie das ›Vater unser‹, und fügen Sie die Namen Ihrer Schuldiger ein: »Vergib mir meine Sünden, wie auch ich vergebe ...«

*Achtens*: Beten Sie für andere, erbitten Sie bestimmte Gnaden, speziell Dinge, die Sie vorher gestört haben.

*Neuntens*: Sprechen Sie so oft wie möglich in freundlicher und wohlwollender Art und Weise über die Person, der Ihr Widerwillen gilt.

*Zehntens*: Überlegen Sie aufrichtig, durch welche persönlichen Faktoren die unglückliche Beziehung zustande gekommen ist, so daß sich Ihr ›fehlerhaftes Verhaltensmuster‹ nicht wiederholt.

## Wie man Minderwertigkeitskomplexe überwindet

### Zehn Regeln für besseres Selbstbewußtsein

*Erstens*: Halten Sie sich ein Bild vor Augen, auf dem Sie erfolgreich sind. Ihr Geist wird versuchen, dieses Bild zu verwirklichen.

*Zweitens*: Sobald ein negativer Gedanke auftaucht, ersetzen Sie ihn durch einen positiven Gedanken.

*Drittens*: Legen Sie sich in Ihrer Vorstellung keine Steine in den Weg.

*Viertens*: Lassen Sie sich von anderen Menschen nicht zu tief beeindrucken, und versuchen Sie nicht, sie zu imitieren.

*Fünftens*: Wiederholen Sie diese Worte zehnmal täglich: »Wenn Gott für mich ist, wer kann gegen mich sein.«

*Sechstens*: Suchen Sie einen kompetenten Ratgeber, der Ihnen hilft, die Ursachen Ihrer Minderwertigkeitskomplexe zu finden, die oft in der Kindheit verwurzelt sind. Selbsterkenntnis führt zur Heilung.

*Siebtens*: Wiederholen Sie zehnmal täglich folgendes laut: »Mit Christi Hilfe gelingt mir alles«.

*Achtens*: Schätzen Sie Ihre Fähigkeiten realistisch ein; erhöhen Sie dann den Wert um 10%. Werden Sie nicht egoistisch, sondern entwickeln Sie heilsamen Respekt vor sich selbst.

*Neuntens*: Schaffen Sie sich durch Gebete eine Verbindung zu spiritueller Kraft.

*Zehntens*: Glauben Sie, daß Gott bei Ihnen ist, denn nichts kann diese Partnerschaft zerstören.